ISBN 978-0-282-14755-6
PIBN 10591606

This book is a reproduction of an important historical work. Forgotten Books uses state-of-the-art technology to digitally reconstruct the work, preserving the original format whilst repairing imperfections present in the aged copy. In rare cases, an imperfection in the original, such as a blemish or missing page, may be replicated in our edition. We do, however, repair the vast majority of imperfections successfully; any imperfections that remain are intentionally left to preserve the state of such historical works.

1 MONTH OF
FREE
READING

at

www.ForgottenBooks.com

By purchasing this book you are eligible for one month membership to ForgottenBooks.com, giving you unlimited access to our entire collection of over 1,000,000 titles via our web site and mobile apps.

To claim your free month visit:
www.forgottenbooks.com/free591606

English
Français
Deutsche
Italiano
Español
Português

www.forgottenbooks.com

Mythology Photography **Fiction**
Fishing Christianity **Art** Cooking
Essays Buddhism Freemasonry
Medicine **Biology** Music **Ancient**
Egypt Evolution Carpentry Physics
Dance Geology **Mathematics** Fitness
Shakespeare **Folklore** Yoga Marketing
Confidence Immortality Biographies
Poetry **Psychology** Witchcraft
Electronics Chemistry History **Law**
Accounting **Philosophy** Anthropology
Alchemy Drama Quantum Mechanics
Atheism Sexual Health **Ancient History**
Entrepreneurship Languages Sport
Paleontology Needlework Islam
Metaphysics Investment Archaeology
Parenting Statistics Criminology
Motivational

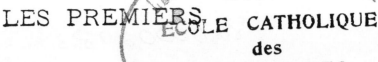
LES PREMIERS

IMETIÈRES CATHOLIQUES

DE MONTRÉAL

— ET —

L'INDICATEUR DU CIMETIÈRE ACTUEL

Montréal :

E. SENÉCAL & FILS, IMPRIMEURS–ÉDITEURS

20 RUE SAINT-VINCENT

1887

860000 2983

Imprimatur,

† EDUARDUS CAR., Aich Marianopolitanus.

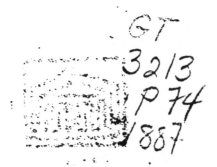

GT
3213
P 74
1887

AVERTISSEMENT.

—

Notre Indicateur est un extrait des livres du cimetière et nous avons tâché de le rendre aussi complet que possible, cependant, il peut se faire que, malgré notre bonne volonté, il se soit glissé quelques erreurs.

Dans ce cas, nous prions les personnes qui seraient victimes de ces omissions, de vouloir bien se présenter au Bureau de la Fabrique où nous recevrons avec reconnaissance leurs observations, et dans la plus prochaine édition, nous nous ferons un devoir d'y faire justice.

—◇◇—

PRÉFACE.

———

L'Eglise a constamment veillé sur les dépouilles mortelles ensevelies dans ses cimetières, comme une mère vigilante veille sur ses enfants endormis et, pour protéger ces enclos sacrés contre les profanations, elle les place sous sa sauvegarde. Dans ses cimetières, elle proclame, en face de la mort, l'immortalité de l'âme et la résurrection des corps. Nous verrons que cette croyance, qui est la nôtre aujourd'hui, était en grand honneur dans l'antiquité. Après l'exposé de cette vérité historique, nous donnons une courte notice sur les premiers cimetières catholiques de Montréal suivie d'un tableau des décès depuis 1642 jusqu'à nos jours. Nous entrons également dans notre ouvrage le règlement modifié du Bureau de la Fabrique Notre Dame, concernant l'enregistrement des décès, la régie du cimetière, avec un plan topographique et un *Indicateur* pour le cimetière actuel.

Nous avons la confiance que notre petit livre, avec des renseignements si utiles, recevra partout un bon accueil, au foyer de l'ouvrier comme dans la demeure du riche.

CHAPITRE I.

DES FUNÉRAILLES ET DES SÉPULTURES DANS L'ANTIQUITÉ.

Le culte des morts, les soins pieux rendus à leurs restes, les pompes religieuses des funérailles, le respect universel des lieux de sépulture se retrouvent dans tous les temps, dans tous les pays, chez tous les peuples, depuis la plus haute antiquité jusqu'à nos jours.

Partout et toujours, chez les anciens, les funérailles et la sépulture furent des actes religieux, accomplis avec les solennités du culte parce que tous les peuples, dit Cicéron " pensent qu'ils ont des devoirs à remplir envers les âmes des défunts."

En Egypte, les funérailles se faisaient avec la plus grande pompe et les tombeaux étaient magnifiques. Creusés dans le roc, souvent une rampe et une galerie souterraine y conduisaient. Autour d'eux s'élevaient des temples, et c'est pour cela que dans la nécropole de Memphis on a trouvé un grand nombre de momies. Les Egyptiens, on le sait, embaumaient les corps, et cet usage prouve qu'ils croyaient à leur résurrection. C'était un prêtre qui faisait l'embaumement ; les prêtres assistaient au convoi funèbre et y occupaient la première place. Des fresques découvertes par des archéologues " représentent la momie transportée par des prêtres jusqu'au pied d'un petit autel. Les parents font les offrandes habituelles ; les prêtres, debout d'un côté de l'autel, la tête rasée, couverts de peaux de léopards, récitent les prières du rituel, et présentent au mort l'encens au bout d'une cassolette. Dans quelques peintures murales, on voit les prêtres prononçant sur le corps du défunt les prières sacrées."

D'après Hérodote, le " deuil des Assyriens et leurs rites funèbres ressemblaient beaucoup à ceux des Egyptiens."

Chez les Indous, la présence du prêtre, du *brahmane*, est prescrite au repas funèbre qui, loin d'être une réjouissance, est une sévère et sérieuse solennité en l'honneur du défunt sur les restes duquel le prêtre, la tête découverte, les pieds nus, a déjà récité à voix basse les prières d'usage.

La sépulture était pour les Hébreux de droit divin. Aussi quand un roi d'Assyrie, ayant fait périr un grand nombre de Juifs, défendait de les ensevelir, voit-on Tobie, qui craignait Dieu plus que le roi, emporter les corps, les cacher dans sa maison et les ensevelir pendant la nuit. Le *Talmud* prend soin de déterminer la forme et la grandeur des sépulcres et il veut qu'on laisse un petit vestibule pour qu'on puisse déposer le corps et réciter sur lui les prières funèbres.

Les Gaulois, qui, tout le prouve, avaient une croyance profonde en l'immortalité de l'âme, faisaient à leurs morts de magnifiques funérailles, dans les bois qui étaient pour eux de véritables temples. Là, leurs prêtres dressaient les autels destinés aux sacrifices ; là s'élevait le bûcher sur lequel on jetait tout ce qui avait appartenu au défunt et même ses esclaves.

Les Germains consacraient des bois touffus, de sombres forêts, où ils adoraient la divinité. Leurs prêtres présidaient aux funérailles qui étaient simples, sans faste. Ils se contentaient pour tombeau d'un simple tertre de gazon, les monuments que l'orgueil élève à grands frais leur semblaient peser sur la cendre des morts. Ils consacraient peu de temps aux lamentations et aux larmes ; mais beaucoup à la douleur et aux regrets, car, disaient-ils, c'est aux femmes à pleurer, aux hommes à se souvenir : *Feminis lugere honestum est, viris meminisse.*

En Grèce et à Rome, les funérailles, soit par inhumation, soit par incinération, étaient des plus solennelles. Les poèmes d'Homère, de Sophocle, de Virgile, peintures fidèles de l'antiquité, en sont une preuve évidente. A chaque instant dans l'*Illiade*, on trouve le récit de combats sanglants pour arracher à l'ennemi les corps des héros qui ont succombé, afin de leur rendre les honneurs funèbres. Il n'est pas de devoir plus sacré et les dieux eux-mêmes interviennent pour le faire observer. C'est ainsi que, grâce à l'intervention d'un dieu, Achille se décide à rendre à Priam le corps de son fils Hector. Il fit plus ; il ordonna de le couvrir d'un riche manteau, d'une fine tunique ; de le laver, de le parfumer d'essences, de l'étendre sur un lit et de le placer sur un chariot magnifique.

La question des funérailles et de la sépulture fait le fond de plusieurs tragédies de Sophocle. Dans *Ajax*, ce héros prêt à mourir invoque Jupiter pour le prier de veiller à sa sépulture et de défendre sa dépouille mortelle contre les injures de ses ennemis. Le culte des morts a inspiré à Sophocle son *Œdipe à Colone ;* à Euripide, sa tragédie des *Suppliantes ;* à Eschyle, *celle des Sept Chefs devant Thèbes.* Le choix de ces deux questions pour sujet de ces tragédies montre l'importance qu'elles avaient chez les Grecs. Mais ce qui le prouve d'une manière plus évidente encore c'est le fait suivant, qui serait incroyable s'il n'était rapporté par Xénophon et Diodore de Sicile. Dix généraux athéniens avaient négligé de rendre les honneurs funèbres aux soldats morts dans le combat des Arginuses. Ils furent tous condamnés à mort, et cependant ils venaient de remporter la victoire. Sans doute par leur valeur ils avaient sauver Athènes ; mais par leur négligence ils avaient perdu des milliers d'âmes, dont le salut était attaché à la sépulture. Le salut de l'âme chez les anciens passait avant celui de la patrie.

Chez les Grecs, les premiers monuments dédiés aux dieux étaient les champs de sépulture ; et comme les temples, les tombeaux étaient des lieux d'asile. Les grands législateurs, Solon à Athènes, Lycurque à Sparte, avaient réglé jusqu'aux moindres détails des funérailles dont ils confiaient la surveillance aux prêtres.

Ce culte des morts, ce respect des sépultures, nous les trouvons aussi intenses chez les Romains que chez les Grecs. Tous, sauf peut-être quelques adeptes de la philosophie stoïcienne, étaient fidèles à la religion des tombeaux, considéraient la sépulture comme l'acte le plus important ; car les Romains croyaient profondément à l'immortalité de l'âme. Chez eux, les lieux d'inhumation étaient considérés comme sacrés, et le *Digeste* consacre un titre spécial aux lois protectrices de la sépulture.

Les obsèques avaient un caractère éminemment religieux chez les Romains, qui y joignaient une croyance qui seule peut nous faire comprendre les erreurs dans lesquelles le paganisme avait fait tomber l'humanité. Le paganisme avait divinisé les morts. Les Grecs les appelaient des *génies*. Les Romains, des *lares*, ou mânes, ou pénates. " Nos ancêtres, disait Cicéron, ont voulu que les hommes qui avaient quitté cette vie fussent comptés au nombre des dieux." Les tombeaux étaient les temples de ces divinités. " Lorsque le corps avait été brûlé sur le bûcher, on recueillait les cendres dans des urnes qui étaient placées à leur tour dans des *columbaria*, espèces de niches semblables à des nids de pigeons. On les pratiquait dans les murs de la chambre sépulcrale. Les quatre parois en étaient couvertes et elles s'élevaient quelquefois à une grande hauteur. Au-dessus de cette chambre funéraire se trouvaient de riches appartements, qui servaient aux membres de la famille, lorsqu'ils venaient accomplir, sur le tombeau des leurs, certaines cérémonies religieuses."

Les pompes de la religion entouraient à Rome les funérailles. On les appelait ainsi parce que primitivement la sépulture ayant lieu la nuit, les personnes qui conduisaient le deuil portaient en guise de torches, des cordes tortillées (*funalice*). Plus tard les enterrements nocturnes n'eurent plus lieu que pour les classes pauvres. Mais qu'elles fussent publiques, *funus publicum*, ou qu'elles fussent sans pompe ni spectacle, *funus tacitum*, toujours les funérailles étaient empreintes d'un caractère religieux. Les pontifes, les prêtres étaient chargés de tout ce qui regardait les obsèques. Un citoyen romain venait-il à mourir, on lavait et parfumait son corps ; on l'enveloppait dans un drap blanc, symbole, dit Plutarque, de la pureté et de l'immortalité de l'âme. On plaçait ensuite le corps sur un lit devant lequel on dressait un autel où brûlaient des parfums.

Dans le convoi funèbre, les prêtres occupaient une place importante. Au bûcher, comme au lieu de l'inhumation, c'était le prêtre qui, une branche de laurier en main, purifiait l'assistance ; c'était lui qui prononçait les dernières paroles en congédiant la foule. C'était encore le prêtre qui, le neuvième jour après le décès, accomplissait l'acte le plus important : par trois fois il jetait de la terre sur la tombe. A dater de ce moment, le lieu de la sépulture devenait religieux, et nul n'y pouvait toucher sans la permission du prince ou des pontifes.

Cette rapide revue historique prouve manifestement combien furent universels dans l'antiquité le culte des morts et le respect pour les lieux de sépulture. Ces sentiments nous allons les retrouver aussi généraux, aussi intenses chez les peuples modernes ; et l'étude des coutumes des diverses nations nous montrera qu'elles sont restés fidèles aux traditions du passé.

CHAPITRE II.

DES FUNÉRAILLES ET DES SÉPULTURES CHEZ LES PEUPLES MODERNES.

Etudions les rites funèbres chez les nations modernes en commençant par celles où domine le protestantisme, laissant pour plus tard les nations catholiques : la France, la Belgique, l'Italie, l'Espagne.

En Angleterre, en Ecosse, dans la Confédération germanique du Nord, en Hollande, en Danemark, en Suède, en Norvège, les protestants sont en très grande majorité; nous les voyons partout comprendre également leurs devoirs envers les morts, appeler la religion pour présider aux funérailles et accompagner les défunts jusqu'au lieu de la sépulture. Dans les villes, où il y a des temples, on y porte le corps du défunt, et là le pasteur, élevant la voix, s'écrie : " Mes frères, prions Dieu " et alors on prie, on médite, en répétant les textes des saintes Ecritures, les mieux appropriés à la solennité funèbre. On récite ces belles paroles : " Après

la mort suit le jugement.—Prenez garde à vous ;
veillez et priez.—Je suis la résurrection et la vie.—
Celui qui croit en moi, bien qu'il soit mort vivra ;
et quiconque vit et croit en moi ne mourra jamais.''
Les funérailles chez les protestants sont solennelles, religieuses et ils professent un grand et
profond respect pour les lieux où dorment les
défunts.

Les Juifs, disséminés dans le monde entier, mé-
connaissent la divinité de Jésus-Christ, mais ils
croient en Dieu et en l'immortalité de l'âme.
Quand un des leurs vient à mourir, ils s'inclinent
devant la volonté de Dieu, et s'écrient: '' Maître
de l'univers, j'ai commis bien des fautes devant
toi, et tu ne m'as pas infligé la millième partie des
peines que je mérite.''—Les Juifs ont un recueil
de prières des morts : on les récite sur la tombe du
défunt, qui en Judée, veut reposer dans la vallée de
Josaphat, à l'ombre du temple de Salomon. Les
obsèques ont toujours un caractère religieux ; le
rabbin y assiste ; au cimetière, il prie pour le repos
de l'âme du défunt, en union avec les parents.
L'anniversaire de la mort d'un parent est chez les
Juifs un jour de deuil. Tous les ans, ils honorent la
mémoire du mort par le jeûne, les aumônes, les
prières au temple et au cimetière.

Une bien touchante légende exprime la résignation des Juifs aux décrets de la divine Providence ; en voici l'abrégé :

Béruria, femme de Rabbi Mêir, docteur en Israël, vient de voir expirer dans ses bras ses deux jeunes fils. Malgré ses efforts pour les rappeler à la vie, leurs corps restent glacés. Toup à coup, elle pense à son mari qui expose au temple les vérités éternelles et frémit en songeant à sa douleur.

Elle place alors ses deux enfants sur un lit, les recouvre d'un drap mortuaire, puis refoulant ses larmes, elle attend avec un calme apparent le retour de son époux. Bientôt, il revient, et sa première parole est : " Où sont les enfants ? " Béruria ne répond pas. " Où sont donc les enfants ? " répète le père, déjà pris d'inquiétude.

" Ecoute, dit alors Béruria, hier vint chez moi un ami de notre maison qui me donna à garder deux joyaux de prix, aujourd'hui déjà il me réclame ce dépôt. Hélas ! je ne pensais pas qu'il le ferait sitôt. Dois-je le lui rendre ou le détenir encore.

— " Femme qu'elle est cette demande ?

— " Ces bijoux sont si brillants, ils me plaisent tant.

— " Nous appartiennent-ils ?

2

—" Si tu connaissais la valeur inestimable qu'ils ont pour nous deux !

—" Béruria, s'écrie le Rabbi, que signifient de telles paroles ? Retenir un bien qu'on nous a confié ! Y songes-tu ?

—" C'est vrai, répond la pauvre mère. toute en larmes ; viens donc que je te montre les joyaux qu'il nous faut restituer ! "

Elle le conduit alors près du lit et soulevant le drap : " Voilà, dit-elle, les trésors que Dieu nous redemande ! "

A cette vue le père éclate en sanglots. " Oh ! mes enfants, oh ! mes pauvres enfants."

—" Rabbi, ajoute Béruria, ne viens-tu pas de me rappeler qu'il faut restituer un dépôt quand son propriétaire le réclame ? "

Et le père, le visage baigné de larmes, les yeux levés au ciel, dit :

" Oh ! mon Dieu, puis-je murmurer contre ta volonté, quand tu laisses à mes côtés une épouse si forte, si vertueuse ! "

Les malheureux parents s'assirent dans la poussière, déchirèrent leurs vêtements, se couvrirent la tête de cendres, en répétant ces paroles de Job : " Dieu nous les avait donnés ; Dieu nous les a repris. Que le nom du Seigneur soit béni ! "

Ces mêmes sentiments de culte des morts, de respect pour la sépulture, nous les voyons en Russie, dans cet état qui compte quatre-vingt millions d'habitants, qui occupe la moitié de l'Europe et dont la domination se développe sans cesse en Asie.

La Russie est une nation chrétienne, séparée seulement de l'Eglise catholique sur une question capitale ; elle n'admet d'autre chef de l'Eglise que Jésus-Christ, et elle repousse la suprématie du Pape, sa juridiction sur l'Eglise universelle. Le chef de l'Eglise russe est le tsar qui d'après un ukase de Paul Ier est le *chef choisi par Dieu lui-même en toutes matières religieuses ou civiles.* Mais on peut espérer voir un jour la Russie sortir de ce schisme, car, ainsi que le dit le P. Schouvaloff, barbanite, "Ce n'est pas pour rien que les Russes ont conservé parmi les trésors de leur foi le culte de Marie ; ce n'est pas pour rien qu'ils l'invoquent, qu'ils croient à sa Conception immaculée et qu'ils en célèbrent la fête......Oui, Marie sera le lien qui unira les deux Eglises et qui fera de tous ceux qui l'aiment un peuple de frères sous la paternité du vicaire de Jésus-Christ."

Chez les Russes, dans cette *sainte Russie*, comme ses habitants l'appellent, les funérailles devaient être entourées de la pompe religieuse, sanctifiées par les prières du prêtre. C'est ce qui a lieu. Le convoi funèbre s'avance conduit par le *pope*, reconnaissable à sa longue barbe et à sa chevelure flottante ; un diacre l'assiste. Arrivé au lieu de sépulture, le mort reçoit l'encens et l'eau bénite qui doit le purifier de ses souillures ; puis le *pope* récite les prières liturgiques. Les Russes considèrent comme un honneur et s'estiment heureux de pouvoir s'assurer la sépulture dans un monastère ; c'est pourquoi souvent des princes, à la veille de leur mort, ont prit l'habit monastique.

Etudions maintenant les rites funèbres chez les Musulmans et pénétrons dans l'Afrique et dans l'Asie où ils sont plus de cent millions.

Les sectateurs de Mahomet qui le considèrent comme l'envoyé de Dieu et le dernier des prophètes, formulent ainsi leur foi : "Il n'y a de Dieu que Dieu, et Mahomet est son prophète." Le *Coran*, le livre de la foi, dicté par Dieu lui-même à Mahomet exprime en plusieurs de ses textes la croyance en la résurrection des corps. La conséquence naturelle de cette croyance est l'intervention de la religion dans les funérailles des Mahométans. Si le mort est un personnage important, le *marabout* ou le *muphti* préside les obsèques.

Dans les autres cas, le *derviche* se rend au domicile mortuaire et y récite des prières. Ces prières terminées, on se presse autour du cadavre pour avoir la faveur de le porter, car le prophète a dit : "Chaque pas que vous ferez en portant un mort vous vaudra la remise de dix péchés." Le cortège se grossit rapidement des personnes qu'il rencontre, désireuses qu'elles sont, d'obtenir, selon la promesse du prophète, la rémission d'un péché en suivant le corps du mort " l'espace de quarante pas."

Voici un convoi funèbre en Egypte. Il s'avance précédé des prêtres ; il chemine au milieu des sycomores et des palmiers, à travers les minarets avec leurs croissants dorés, et arrive à la mosquée, embellie par des artistes de génie qui souvent en ont fait une merveille. Après être passé par la mosquée on se rend au champ du repos. Là, l'*iman* élève les mains à la hauteur du visage, et répète cinq fois la formule : " Dieu est le plus grand ! " Il récite ensuite d'autres prières ; puis l'inhumation terminée, un des parents jette par trois fois une poignée de terre sur le corps, en disant la première fois : " Vous en avez été créé ; " la seconde fois : " Nous (Dieu) vous y ferons retourner ; " la troisième fois : " Nous (Dieu) vous en ferons sortir de nouveau." Tout le monde se sépare alors en répétant de nouveau la solennelle profes. sion de foi : " Dieu est Dieu, et Mahomet est son prophète."

Dans l'Inde, où l'islamisme compte vingt-cinq millions d'adhérents, le fond des doctrines est le même, mais les rites s'y modifient : le luxe et le faste indien remplacent la simplicité et l'austérité musulmane. Là, plus encore qu'ailleurs, le musulman se fait un devoir de célébrer les anniversaires et les fêtes des morts par des prières, des ablutions et des aumônes. Là, plus qu'en Europe et en Afrique, on professe le culte des tombeaux, dont la garde est confiée aux *mullas*, aux prêtres.

En Asie, sur le continent indien, les peuples sont en proie au plus grossier fétichisme, à la plus grande idolâtrie à laquelle de courageux missionnaires, suivant les traces du glorieux apôtre des Indes, s'efforcent non sans succès de les arracher. Ces peuples adorent plus de trois cents millions de dieux : le soleil, la lune, la mer, les fleuves, les montagnes, leurs animaux, les substances minérales. Et malgré ces épaisses ténèbres, l'Hindou croit à l'immortalité de l'âme ; il a l'espoir des récompenses de l'autre vie ; il tremble devant les châtiments que le juge des morts, *Yama*, peut infliger au méchant dans le *Naraca*, l'enfer. Ces croyances se font jour dans les funérailles. Lorsqu'un Hindou va mourir, on appelle le brahmane pour la cérémonie de l'expiation ; on exhorte le malade à dire d'intention, s'il ne peut le faire distinctement, certaines prières, par l'efficacité desquelles il sera délivré de ses péchés. Une fois mort, après les ablutions et les purifications sacrées, on porte le corps au champ où il doit être brûlé. Là, le fils du défunt, se frappant la poitrine et prenant dans un vase d'airain le feu sacré qu'il a apporté, allume le bûcher, pendant que les brahmanes récitent des prières et que les assistants poussent des cris lamentables. C'était la coutume, il y a une dizaine d'années encore, que la veuve se jetât dans les flammes pour rejoindre son époux.

La Chine est idolâtre comme les Indes. Dans les nombreuses pagodes qu'on y rencontre, se voient les statues de Bouddha, aux yeux énormes, aux lèvres épaisses, aux oreilles pendantes ; plusieurs bonzes, prêtres, desservent ces pagodes.

Le sentiment religieux est universel en Chine : depuis l'empereur, fils du ciel, jusqu'au plus humble paysan chinois, tous sont de fidèles adorateurs de Bouddha. Aussi, comme il considère l'heure de la mort comme solennelle, le Chinois demande plus

que jamais les secours de la religion dans ce moment suprême.

Dès qu'un malade est en danger on se hâte
d'offrir un sacrifice à la pagode; on s'y prosterne
pendant que les bonzes récitent des prières. Après
la mort, les sacrifices recommencent à la maison
mortuaire, tendue de blanc, signe de deuil. Ces
sacrifices ont lieu devant ces tablettes "qui, à
défaut du dogme catholique, si consolant de la
communion des vivants et des morts, ont, au moins,
l'avantage de disputer au néant, le nom des aïeux,
en faisant honorer leur mémoire." Le nom du
défunt est ajouté sur ces tablettes; il est aussi
inscrit à la pagode où il est conservé pendant trois
générations.

Les nuits qui suivent le décès sont marquées par
les cérémonies religieuses. Les bonzes, une lan-
terne à la main, viennent psalmodier des prières;
la première nuit, ils brisent des tuiles pour faire
une brèche à l'enfer, et en faire sortir l'âme, si elle
y est entrée. La seconde, ils assistent le fils du
défunt au moment où élevant une longue banderole,
il représente l'âme de son père montant au ciel.
Le troisième, ils mettent, le feu à la banderole et
ils brûlent une certaine quantité de papier-monnaie,

afin que le défunt ne manque pas d'argent dans l'autre monde.

Les bonzes président au convoi funèbre, lorsqu'au bruits des timbales, des flûtes et des tambours, il se rend au lieu de la sépulture. Les Chinois attachent une si grande importance à avoir des funérailles solennelles qu'on voit de simples ouvriers s'imposer toutes sortes de privations, et des familles se ruiner pour faire de superbes obsèques à un des leurs.

Les lois punissent sévèrement l'impiété envers les morts, et la violation des tombeaux est au nombre des crimes capitaux et irrémissibles. Au Japon, qui compte quatre-vingt-dix-huit mille temples de Bouddha pour trente-trois millions d'habitants, la procession des bonzes offre le coup d'œil le plus pittoresque. Revêtus de leur surplis jaune, les uns portant de longues cannes, à l'extrémité desquelles flottent des banderoles, les autres agitant dans l'air des fleurs en papier, symbole de l'arrivée du défunt au séjour des bienheureux, ces prêtres se dirigent vers le lieu de l'incinération. Une musique bruyante, des chants, des cris les accompagnent. La procession se déroule et serpente sur les hauteurs où l'on dresse le bûcher. Le chef des bonzes en fait trois fois le tour, trois fois il passe sur sa tête une torche enflammée et la jette par terre. Le plus proche parent du défunt la ramasse et allume le bûcher.

Après l'ancien monde, nous arrivons au nouveau monde. Là nous trouvons la plus grande diversité, et, en même temps, la plus grande liberté des cultes. Des protestants, des catholiques, des Juifs vivent et y exercent en toute liberté leur religion ; nous avons déjà montré combien les protestants et les Juifs avaient le culte des morts et le respect des sépultures.

Nous n'avons plus maintenant qu'à nous occuper des nations catholiques : la France, la Belgique, l'Espagne, l'Italie. Chez ces nations, nous allons trouver avec un plus grand degré d'intensité, le culte des morts, les funérailles religieuses, le respect des cimetières. Et il ne peut en être autrement, car la religion catholique a de pieuses tendresses pour les morts, elle assiste et préside à leurs funérailles, elle bénit solennellement le champ où ils vont dormir leur suprême sommeil.

Dès qu'un catholique va mourir, la sainte Eglise qui l'a reçu à son entrée dans le monde, qui lui a prodigué les secours et les consolations pendant les épreuves de la vie, s'empresse d'accourir près de son lit de douleur ; elle le visite fréquemment ;

elle l'exhorte à la résignation, à la paix, à l'espérance ; enfin, elle lui donne ses augustes sacrements dont le dernier, ainsi que le disait Pie IX, "a la vertu de fortifier l'homme au moment du grand passage du temps à l'éternité."

Le catholique mort, l'Eglise dont le grand souci a été le salut de son âme, n'a pas cependant terminé sa tâche. Sa sollicitude s'étend aussi sur le corps et elle la montre au moment des funérailles. Précédés de la croix, les prêtres revêtus des ornements sacerdotaux, se rendent dans le vestibule de l'église pour y faire la levée du corps ; ils le reçoivent de la famille éplorée, le bénissent et processionnellement le conduisent dans l'église. Les parents, les amis suivent recueillis et silencieux, et devant le funèbre convoi les passants s'arrêtent, se découvrent, pour saluer non pas la mort, mais l'immortalité.

Le corps est arrivé dans le centre du temple dont les tentures de deuil marquent la tristesse, pendant que les cierges allumés autour du cercueil indiquent que l'âme, qui survit à nos croyances mortelles, passe des ténèbres à la lumière.

Dans l'office des morts dit en présence du cadavre, l'Eglise révèle son ardent amour des âmes, son invincible foi dans la justice et la miséricorde divine. Pour les exprimer dignement, l'Ancien et le Nouveau Testament lui ont fourni des textes admirables.

Après *l'absoute*, où le clergé se rend processionnellement autour du cercueil et l'enveloppe en quelque sorte de ses prières ; où l'eau sainte descend sur le défunt pour le purifier de ses souillures ; où l'encens répand ses parfums sur cette dépouille qui doit être un jour revêtue de l'immortalité, le prêtre, en récitant des prières, accompagne le corps jusqu'au champ de repos. Là, dans ce cimetière, où le mort vient reposer à l'ombre de la croix, a lieu la suprême séparation, séparation si douloureuse dont la religion seule peut adoucir l'amertume, en nous enseignant que ce tombeau si redouté ne reçoit qu'une enveloppe terrestre pendant que l'âme est déjà dans le sein de l'infinie miséricorde. Autour de la fosse, le prêtre récite sa dernière prière et donne la suprême bénédiction. Les parents éplorés font planter près de la tombe des ifs, des cyprès, témoignages de deuil ; ils y déposent des couronnes d'immortelles, emblèmes de l'incorruptible couronne ; ils y répandent les fleurs préférées du défunt, mais partout et toujours, ils y placent la croix : cette croix auguste et glorieuse dans laquelle nous devons mettre toute notre espérance.

Rien ne peut diminuer dans les nations catholiques le culte des morts ; rien ne peut effacer le respect qu'on y a pour les lieux de sépulture. Ainsi dans notre mère patrie, aux époques les plus troublées, quand la lutte contre la religion est la plus ardente, ces sentiments subsistent aussi vivaces, aussi intenses.

Voyez un jour des morts à Paris même, les cimetières regorgent d'une foule pieuse et recueillie. Du moment de l'ouverture des portes jusqu'à la fermeture, les trois grands cimetières de la capitale ne cessent d'être visités. Des multitudes humaines s'acheminent vers le champ des morts. Ce pèlerinage funèbre se fait en famille: le mari, la femme, les enfants, chacun portant, soit un vase de fleur, soit une couronne, soit, si la pauvreté est grande, une simple petite fleur. Arrivé au cimetière, on se rend d'abord à la tombe où repose l'être regretté : la femme et les enfants s'agenouillent et prient ; le mari, tête nue, reste debout respectueusement, mais le plus souvent, vaincu par la douleur, il tombe lui aussi à genoux et mêle ses prières à celles de sa famille.

Puis se parlant à voix basse, comme si on ne

voulait pas troubler le repos du cher mort, on fait
la toilette du tombeau ; on enlève les couronnes
flétries, les fleurs fanées, on les remplace par celles
qu'on vient d'apporter, et, après avoir jeté un long
regard attendri sur ce tombeau chéri, on s'éloigne,
non sans se retourner fréquemment pour adresser
un dernier *au revoir* au défunt si aimé.

Ici dans notre chère et catholique cité de Montréal, ce n'est pas seulement le jour des morts où
ce touchant tableau s'offre à nos regards, mais bien
tous les jours durant la belle saison et surtout le
Dimanche où de pieuses caravanes se dirigent sans
cesse comme un flot mouvant vers la montagne
que l'on gravit lestement, soutenu par l'espérance
de se retrouver bientôt auprès des restes vénérés de
ceux qui nous sont chers. D'ailleurs, de tout temps,
dans notre cher et beau pays, le culte des morts,
le respect pour les sépultures ont été en grand
honneur. Nos ancêtres venus de France alors que
cette nation était l'une des plus catholiques du
monde, avaient apporté dans leur cœur ce précieux
germe de foi qui porte aujourd'hui de si fortes et
de si profondes racines.

Quelques années après la fondation de Montréal,
nous avons la preuve par un acte authentique des
registres de la Fabrique Notre-Dame, du culte que

nos ancêtres avaient pour les morts et de leur vé-
nération pour les âmes du purgatoire.

Nous sommes au 16 octobre 1690; ce jour-là,
plusieurs marchands de la ville, après en avoir
délibéré, prirent la résolution suivante :

" Nous soussignés, marchands de Ville-Marie,
voyant tous les maux qui nous menacent de toute
part, pour arrêter la colère de Dieu, nous avons
résolu, après avoir demandé le secours de la Sainte
Vierge, de prendre et choisir les saintes âmes du
purgatoire pour nos protectrices auprès de Dieu.
Et dans la confiance que nous avons dans le secours,
leur promettons de ne vendre aucune marchan-
dise les fêtes et dimanches aux habitants de cette
paroisse, sinon les choses manducables qui se
peuvent consommer dans le jour, comme huile,
vinaigre...

" Pour les étrangers des côtes voisines, on ne
leur vendra rien, sans une permission par écrit de
monsieur le curé ou un autre prêtre du séminaire.

" Et afin qu'elles (les âmes du purgatoire) nous
obtiennent ce que nous leur demandons, nous
avons résolu de leur faire bâtir une chapelle à côté
de la chapelle de St-Joseph, vis-à-vis la sacristie,

pour y faire les services qu'on voudra y faire pour les âmes."

(Signé) LeBer,
Boyer,
Migeon,
Decouägne,
Charron,
Cuillerier.................... ....

Pour être plus fidèles à cet engagement, les signataires s'étaient imposé une amende contre ceux qui viendraient à y contrevenir. Cette foi forte, agissante de nos ancêtres, nous la retrouvons encore aujourd'hui aussi pleine de vigueur qu'aux premiers jours. Oui, nous le disons avec bonheur, nos compatriotes aiment leur religion et fidèles à ses saints enseignements, nous les voyons honorer leurs morts, respecter et aimer les lieux de sépulture.

LES CIMETIÈRES DE MONTRÉAL

SA FONDATION (1642) JUSQU'A NOS JOURS

CHAPITRE III.

CIMETIÈRE DE LA POINTE A CALLIÈRE.

Dès que la recrue amenée de France par M. de Maisonneuve, fut arrivée au lieu qui devait être plus tard Montréal, on songea à se mettre à l'abri des attaques des sauvages qui infestaient ce pays. Pour cela, on s'empressa de construire un fort dans lequel devraient se retirer et vivre tous les nouveaux débarqués.

Ce fort fut placé dans un triangle, formé d'un côté par le fleuve St-Laurent, d'un autre côté par une petite rivière qui se déchargeait dans ce fleuve. Outre que cet emplacement, ainsi environné d'eau, était facile à défendre contre les attaques des sauvages, il était de plus très agréable. La petite rivière était bordée par une grande prairie, remplie

3

d'oiseaux au plumage et au ramage des plus variés, et couverte de fleurs qui, par la diversité de leurs couleurs et de leurs formes, offraient un spectacle des plus riants.

C'est dans ce lieu que Champlain avait dejà reconnu et qu'il avait surnommé la *Place royale*, que vécurent pendant les premières années les colons; il était donc naturel que là aussi, fut établi le premier cimetière.

Ce premier cimetière se trouvait tout près du fort, et il a été désigné sous le nom de cimetière de la Pointe à Callière. Il servit aux sépultures jusqu'en 1654.

CHAPITRE IV.

NOUVEAU CIMETIÈRE DE L'HOPITAL.

Par sa position même, le champs de repos de la Pointe à Callière était fréquemment inondé lors des grandes crues du fleuve. Il devenait alors impraticable et les inhumations devaient se faire ailleurs, ainsi qu'il arriva, le 15 janvier 1654, pour le défunt François Dhaidin.

Afin d'obéir à cet inconvénient si grave, M. de Maisonneuve donna à la corporation un terrain pour établir le cimetière nouveau, à la condition que ce terrain ferait retour aux seigneurs si les sépultures étaient transportées ailleurs. Ce nouveau champ de repos fut établi sur la hauteur, dans un emplacement occupé aujourd'hui par la Place d'armes, et comme il se trouvait près de l'hôpital il fut appelé *nouveau cimetière de l'hôpital.* C'est ainsi qu'il est désigné dans l'acte de décès de François Lochol, en date du 11 décembre 1654, signée par le R. P. Pigart, S. J.

Tous les travaux d'établissement de ce nouveau

lieu de sépulture furent faits aux frais des paroissiens.

Plusieurs années après, les habitants de Ville-
Marie, informés que les bestiaux entraient dans
le cimetière, voulurent faire cesser cet état de
choses. Ils se réunirent le 30 novembre 1674,
fête de St. André, à l'issue des vêpres dans une des
salles du séminaire. A cette assemblée, où étaient
présents M. Perrot, curé de la paroisse, Gabriel
Souart, ancien curé et supérieur du Séminaire, M.
Jean Migeon, avocat en la Cour du parlement de
Paris, Benigne Bastet, greffier tabellion du bail-
liage de Montréal et plusieurs notables, il fut résolu
qu'on ferait au cimetière une clôture de pieux à
coulisses sur pièces de bois.

Mais quoique l'usage fût que l'église paroissiale
de chaque lieu, le cimetière et sa clôture fussent
entretenus par les habitants, il n'en était pas alors
ainsi à Ville-Marie, car nous voyons que dans la
même assemblée du 30 novembre il fut aussi résolu
" qu'on nommerait un habitant en chaque quartier
afin d'accompagner M. Jean Fremont, prêtre du
Séminaire, pour aller recevoir les aumônes que
chacun des habitants voudrait donner."

Dans ce cimetière, on avait construit à l'endroit
où se voit aujourd'hui la banque de Montréal,

une chapelle pour y *déposer les corps* qui n'entraient
pas à l'église ; on y faisait l'office ainsi qu'on fait
aujourd'hui au cimetière de Notre-Dame des Neiges.

Et bien que le cimetière de l'hôpital eût cessé
d'être en usage en 1799, la chapelle dont nous
venons de parler ne fut détruite qu'en 1816.

Cette année-là, en effet, le 8 janvier, M. Le Saul-
nier, prêtre de Saint Sulpice et François de La-
perrière, marguillier en charge, adressèrent une
requête à Sa Grandeur Mgr l'évêque de Québec par
laquelle ils exposaient :

" 1o Que messieurs les commissaires des fortifi-
cations de cette ville (Montréal) désirant, pour le
bien public, élargir la rue St-Jacques ont proposé
à la fabrique de la paroisse de leur céder l'emplacement de la maison du bedeau avec une partie du
cimetière qui est entre la dite maison et celle du docteur Ledel, sur la place d'armes, offrant les dits commissaires à la dite fabrique pour dédommagement
la somme de six cents livres, cours de la province,
et un terrain voisin plus considérable, près des
remparts.

" 2o Que l'asseemblée du curé et des maguilliers,
tenue à cet effet le 31 du mois dernier, ayant délibéré sur cette proposition, a été unaniment d'avis

de l'accepter, si Votre Grandeur veut bien y donner son approbation..
....

" C'est pourquoi les soussignés supplient humblement Votre Grandeur d'avoir cet échange pour agréable, et d'autoriser la fabrique à détruire la chapelle où on dépose les morts, et à faire exhumer quelques corps qui ont été inhumés dans le dit cimetière, il *y a près de vingt ans,* pour livrer le dit terrain aux dits commissaires dans le mois de mai de l'année prochaine."

Sa Grandeur Mgr l'évêque de Québec donna, le 13 janvier, son autorisation, comme suit :

" Permis aux termes et conditions exprimées dans la présente requête."

" Signé,   † J. O., Ev. de Québec."

CHAPITRE V.

CIMETIÈRE DE LA POUDRIÈRE.

En 1748, le cimetière de l'hôpital était devenu insuffisant; la place manquait pour " enterrer les pauvres de la paroisse."

Une assemblée, composée de M. Louis Normant, supérieur du Séminaire et curé de la ville, grand-vicaire de l'évêque de Québec; de M. Antoine Déat, vicaire de la paroisse et des messieurs les anciens et nouveaux marguilliers se réunit le 29 juillet 1748, dans une des salles du Séminaire pour délibérer sur cette importante question.

Il fut résolu que le curé et le marguillier en charge feraient, pour servir de cimetière aux pauvres, l'acquisition "d'un emplacement appartenant à M. Robert, situé à Montréal, près la poudrière, contenant environ un quart d'arpent en superficie."

Mais une " déclaration de Sa Majesté, en date du 25 novembre 1743," paraissait mettre obstacle à l'acquisition de ce terrain, aussi, dans la même assemblée, il fut résolu que M. le curé et le marguillier en charge adresseraient une requête au commandant-général et à l'Intendant de Justice, de Police et de Finance de la Nouvelle France, pour les supplier d'autoriser l'acquisition du dit terrain.

Le 27 février 1749, Rolland, Michel Barin, marquis de la Galissonnière, chevalier de l'ordre militaire de Saint-Louis, capitaine des vaisseaux du roi, commandant général pour Sa Majesté en toute la Nouvelle-France, terres et pays de la Louisiane et François Bigot, conseiller du roi en ses conseils, Intendant de Justice, Police, Finance et de la Marine, accordaient en ces termes l'autorisation demandée par la requête :

" Vue la requête, nous autorisons le curé et les marguilliers de la paroisse de cette ville (Montréal) à faire l'acquisition des terrains ci-dessus désignés pour servir à inhumer les pauvres de la dite paroisse.

" Signé, La Galissonnière, Bigot."

L'autorisation obtenue, on se mit vite à l'œuvre et le cimetière de la poudrière fut rapidement établi. Aussi voyons-nous qu'en 1751, dans une assemblée du curé et des marguilliers anciens et nouveaux, il fut résolu qu'à ce cimetière il serait fait une clôture de murailles, et qu'on y construirait un charnier afin d'y déposer les morts pendant l'hiver.

CHAPITRE VI.

CIMETIÈRE DU FAUBOURG ST-ANTOINE.

En 1799, les cimetières de l'hôpital et de la poudrière cessent de servir aux inhumations ; ils sont abandonnés pour un nouveau lieu de sépulture, situé aux faubourg Saint-Antoine. En voici la raison.

A cette époque, les grands jurés ayant reconnu que ces cimetières si rapprochés des habitations, étaient une cause d'insalubrité et un danger pour la santé publique, adressèrent un rapport au procureur-général M. Sewell, pour lui signaler le danger résultant de ces cimetières, et pour lui en demander la translation.

Le procureur-général s'empressa de soumettre au curé et aux marguilliers le rapport des grands-jurés. Par suite, eut lieu une assemblée du curé et des marguilliers anciens et nouveaux dans laquelle il fut résolu de faire droit aux observations des grands jurés et d'acheter un terrain pour y transporter les cimetières

Ce terrain fut acheté au Coteau St-Louis dans le

faubourg Saint-Antoine ; il appartenait à M. Pierre Guy et mesurait quatre arpents en superficie. Il fut payé à raison de 1,500 livres, 20 coppes l'arpent. Il occupait l'emplacement où se trouve aujourd'hui une partie de la place Dominion. Ce cimetière fut agrandi plus tard de la partie où se trouve aujourd'hui construite la nouvelle cathédrale.

Dans ce cimetière, les habitants de Montréal et des côtes voisines furent inhumés jusqu'en 1854.

CHAPITRE VII.

ACQUISITION DU CIMETIÈRE DE N.-D DES NEIGES.

Le cimetière St-Antoine étant devenu trop étroit pour les besoins de la population croissante de la ville et de la banlieue, il fut résolu à une assemblée du bureau de la fabrique tenue le 17 juillet 1853 de choisir un terrain propice pour faire un nouveau cimetière. Un comité composé de cinq marguilliers, MM. Pierre Jodoin, marguillier en charge, Ephrem Hudon, A. M. Delisle, Jean Bruneau et Romuald Trudeau, fut nommé dans le but de s'enquérir sur un site convenable, avec prière de faire rapport sous le plus court délai. A une assemblée tenue le 31 juillet 1853, le comité nommé en vertu d'une résolution passée à une assemblée générale des marguilliers de la fabrique de Montréal, en date du 17 courant, faisait le rapport suivant :

Votre comité a l'honneur de faire rapport :

" Qu'ayant examiné un nombre de terres dans les différents quartiers environnant la cité de Montréal, n'ont trouvé que peu de terrains de grandeur et position convenables pour l'objet que votre corporation a en vue, néanmoins, votre comité est heureux de pouvoir vous communiquer qu'il en a trouvé un, qui, il espère, rencontrera votre approbation. Il est situé sur le chemin de la Côte des Neiges, à environ vingt arpents de la barrière, appartenant au docteur Pierre Beaubien, ayant cinq arpents de front sur le dit chemin, par vingt-trois arpents de profondeur, sur lequel terrain il y a un bocage d'environ vingt-cinq à trente arpents et quatre-vingt-cinq en culture, faisant en tout une superficie de cent quinze arpents.

" Quant au prix, votre Comité est d'opinion qu'il n'est pas exorbitant, vu que ce n'est qu'environ trente louis l'arpent. En conséquence il en recommande l'acquisition immédiate.

" Résolu que le dit rapport recommandant l'acquisition de la terre du docteur Beaubien pour l'usage d'un cimetière soit reçu et adopté ; et que messieurs Pierre Jodoin, marguillier en charge, Jean Bruneau, E. Hudon et R. Trudeau soient autorisés à faire la dite acquisition au prix de trois mille livres cours actuel ; de plus qu'ils soient autorisés à signer l'acte de vente du dit terrain au nom de cette fabrique, et présenter requêtes tant auprès des autorités ecclésiastiques que civiles, pour obtenir la permission préalable de faire la dite acquisition.''

Cette question resta pendante et le 19 mars de l'année suivante (1854) le révérend M. P. Billaudèle, alors supérieur du Séminaire et faisant les fonctions curiales, soumit à une assemblée de messieurs les anciens et nouveaux marguilliers la nécessité de faire choix d'un nouveau cimetière ; et les délibérations sur cette mesure s'étant prolongées jusqu'à sept heures du soir, sans pouvoir en venir à aucune conclusion, et n'étant pas jugé convenable de siéger plus tard, il fut résolu de remettre la discussion de la mesure à une assemblée qui aurait lieu le dimanche suivant.

M. le supérieur expliqua de nouveau à cette assemblée que le but principal pour lequel elle était convoquée était de choisir un site pour un nouveau cimetière, et de décider si l'on accepterait vingt arpents de terre à la Côte St-Luc que le séminaire en vue d'éviter de nouvelles dépenses à la fabrique, offrait gratuitement pour cet objet, ou si on le placerait sur la terre achetée du Dr Beaubien à la Côte des Neiges, pourvu que dans ce cas, les argents nécessaires soient pris en dehors des revenus de la fabrique.

Après de longues discussions, M. C. S. Rodier, secondé par M. Alexis Laframboise, proposa: " Que dans l'intérêt de la fabrique et des citoyens en général de cette paroisse, les marguilliers acceptent avec reconnaissance l'offre généreuse faite par messieurs les Sulpiciens de Montréal de vingt arpents de terre situés à la Côte St-Luc pour et par eux en faire un cimetière catholique."

Cette motion ayant été mise aux voix, fut décidée dans la négative : messieurs Berthelot, Rodier, Laframboise et Leblanc votant pour ; messieurs Doucet, Belle, Bouthillier, Boyer, Bruneau, Donegani, Le Prohon, Hudon, Trudeau, Wilson, Desmarteau, Jodoin, Masson, Paré, LaRocque et Delisle votant contre la motion.

Il fut alors résolu à la majorité des voix : " Que de sincères remerciements soient offerts aux messieurs du Séminaire de leur offre généreuse et certainement avantageuse dans les circonstances où se trouve la fabrique, mais que l'acquisition de la terre du docteur Beaubien ayant déjà été effectuée dans l'intention d'en faire un cimetière, cette terre paraissant propre sous tous les rapports à l'objet projeté et M. Ephrem Hudon conjointement avec M. Pierre Jodoin, ayant produit à l'assemblée une liste des citoyens les plus respectables s'engageant à y prendre des terrains au montant de deux mille sept cents louis ; et ces messieurs ayant de plus assuré l'assemblée que, d'après les encouragements qu'ils avaient déjà reçus, ils avaient lieu de croire que tous les fonds nécessaires pour cette entreprise s'obtiendraient ainsi des paroissiens sans toucher aux revenus de la fabrique, les marguilliers croient devoir confirmer la résolution prise à l'assemblée du trente-unième jour du mois de juillet 1853 et approprier définitivement la terre de la Côte des Neiges acquise du docteur Beaubien comme cimetière religieusement orné à l'usage des catholiques de Montréal." ....

On fit tout de suite les travaux les plus nécessaires et le cimetière fut ouvert au public en 1855.

CHAPITRE VIII.

DESCRIPTION DU CIMETIÈRE DE NOTRE-DAME DES NEIGES.

Délicieusement adossé sur les pentes douces du Mont-Royal, le cimetière (dont le plan topographique est annexé à cet ouvrage) est disposé en amphithéâtre du pied de la montagne jusqu'à sa crête supérieure. Un chemin, formant la ligne de démarcation des cimetières catholique et protestant et conduisant au parc Mont-Royal, le borne au sommet de la montagne. Le cimetière est encadré par la haute futaie du parc, et par des terres cultivées. L'entrée principale du cimetière est située à la Côte des Neiges, d'où son nom; elle s'ouvre sur la jolie route de Montréal à St-Laurent. Un portail monumental que l'on construit fermera bientôt cette entrée d'une double baie; ces baies seront closes par une grille en fer ouvré. Le portail sera couronné d'une croix et décoré de deux niches contenant chacune un ange sonnant la trompette du jugement dernier. Deux petites habita-

tions à pignons flanqueront ce portail et enfin,
deux murs, fermant le terrain sacré sur le chemin
de la Côte des Neiges, rejoindront la façade en
retour; ces retours à courbes saillantes ménage-
ront à l'entrée une place très agréable. Le tout
sera terminé en 1888 et coûtera environ dix mille
dollars.

Une allée sablée et ombragée introduit au cimetière. Dès qu'on s'y engage, une croix monumen-
tale en bois attire nos regards. Cette croix repose
sur un piédestal dont les quatre faces sont ornées
du sablier, emblème de la rapidité de la vie. Une
couronne d'épines, sculptée, encadre la croix au
centre et les extrémités des croisillons ou de la
traverse sont taillées en fleurs de lis. Sur le montant, est un cœur en relief, avec le monogramme
J.-C. Ce monument protecteur est agréablement
assis au milieu d'un parterre de gazon dans l'axe
de l'allée d'introduction. Ce parterre est agrémenté
de cinq corbeilles de fleurs de dessins variés et
d'une croix, formée de gazon et de fleurs. De ce
point, partent deux allées : elles se dirigent, l'une
sur le plan droit, l'autre sur le plan gauche du
cimetière. Une petite allée conduit au charnier.
Le charnier, disposé dans l'axe de l'entrée, est en
pierre, la couverture est en tôle avec ventilateurs

4

forme cheminée, son arrière-plan disparaît dans la
terre, jusqu'à la toiture. La façade donne sur une
allée de traverse communiquant avec les deux
voies de droite et de gauche dont nous venons de
parler. Ce charnier est construit dans des proportions suffisantes pour contenir sept à huit cents
corps.

Depuis l'entrée du cimetière jusqu'à la hauteur
du charnier, il n'y a aucune tombe. La première
que l'on découvre est sur l'allée de gauche. C'est
un obélisque surmontant la crypte où reposent les
restes d'une partie des victimes politiques de 37-38.
Il a été érigé en 1861. La façade de la crypte, en
pierre taillée, est d'un style austère comme il con-
vient à un tombeau qui rappelle les malheurs d'un
peuple. Seules, les armes du Canada, le laborieux
castor et la feuille d'érable, sculptés sur le frontispice, ornent cette façade. Les noms des martyrs,
avec leurs âges et qualités, sont inscrits sur l'obélisque. Pour épitaphe, ces simples mots sont gravés
sur le socle :

AUX MARTYRS DE 37-38.

Cette pierre funèbre est le tombeau d'avant-
garde du cimetière de Montréal : c'est la tombe
sentinelle de la nécropole catholique du Canada.

Au delà de ce monument, également à gauche, est le caveau des familles Murphy et Baker.

Au second plan de l'allée, sont des terrains de famille, entourés de grille. Tous sont semés de pierres tombales horizontales ou verticales et de tumulus couverts de fleurs. Ces terrains se continuent jusqu'au bureau de l'administration.

Le bureau et la chapelle sont en face l'un de l'autre. Ils sont avantageusement situés sur un plateau où les trois voies principales du cimetière et plusieurs allées secondaires, forment un très agréable carrefour. Ce site est le plus beau du cimetière et sans les tombes qu'on aperçoit à quelques pas, on se croirait dans le jardin d'une maison de campagne. A droite du bureau, est une serre nouvellement bâtie: on y cultive des fleurs à l'usage des familles qui veulent en orner leurs terrains. Le bâtiment de l'administration contient un bureau avec téléphone, deux salles d'attente et le logement de l'intendant. Il est entouré de parterres et d'un jardin potager. En arrière et à côté, sont les hangars, remises, pompe à vent, etc.

La chapelle également entourée de parterres a deux entrées: chacune de ces entrées donne accès dans un vestibule meublé de bancs et précédant la chapelle. C'est sur ces bancs qu'on dépose les cercueils qui doivent être bénits. Dans le vestibule de gauche, côté du bureau, sont les cercueils d'enfants ; dans celui de droite, ceux des adultes. Deux baies, fermées chacune par deux vantaux, s'ouvrent de la chapelle dans les vestibules. A l'heure des services, annoncée par la cloche, on ouvre ces baies et le prêtre bénit les cercueils exposés. La chapelle est d'une seule nef. Son ornementation est simple : plafond, divisé en caissons, peints en grisaille ; autel, à coupe rectangulaire, et de couleur noire ; dans le rectable : peinture à l'huile représentant Jésus-Christ au tombeau—la nef est ornée d'un chemin de croix et de ces deux inscriptions en français et en anglais :

" Il a été décrété que l'homme mourra une fois et ensuite sera jugé."

" Dieu rendra à chacun selon ses œuvres "

La chapelle doit être agrandie prochainement, elle sera alors beaucoup plus riche.

En face du bureau et de la chapelle, est disposée une véritable esplanade ; de ce point, on jouit d'une agréable perspective sur le champ des morts et on embrasse en grande partie son ensemble.

La configuration du cimetière de Notre-Dame des Neiges est un rectangle (carré long) ; sa dispotion intérieure est celle d'un jardin anglais. Tout y est disposé comme dans un parc public et l'administration comme les familles, n'ont rien négligé pour en faire un lieu d'attraction.

Ce jardin funèbre, considérablement agrandi en 1872, a actuellement plus de trois cents arpents en superficie. C'est au rond-point des bâtisses de l'administration que commence véritablement le cimetière.

Trois grandes voies, les trois voies principales partent de ce rond-point et aboutissent aux deux issues supérieures placées à droite et à gauche du cimetière.

La première parcourt la droite du cimetière : on l'appelle chemin de la savane à cause de la zone non défrichée qu'elle limite ; la deuxième traverse le milieu du champ des morts : c'est l'allée centrale en grand chemin ; la troisième occupe le plan gauche du cimetière : c'est le chemin de la croix ou du calvaire, ainsi nommé à cause du chemin de la croix qui le décore.

Afin de ne pas nous égarer dans le dédale des allées qui croisent les grandes voies, nous visiterons le cimetière méthodiquement. Nous parcourrons les trois allées maîtresses en notant leurs tombes remarquables et les particularités que nous pourrons rencontrer ; puis, lorsque nous croiscrons une allée, nous en relèverons de même les points saillants.

Le terrain du cimetière étant divisé par sections classées alphabétiquement et les sections par numéros, l'orientation y est facile pour les habitués. On n'a donc point senti jusqu'à présent la nécessité de donner des noms aux allées mais afin d'en faciliter la visite au touriste et de rendre cet ouvrage plus pratique, on va prochainement baptiser les allées, ainsi que l'indique la topographie ci-jointe.

Une série de caveaux monumentaux s'alignent sur l'allée de droite, à quelque distance de son point de départ, à peu près à la hauteur du charnier.

Tous ces caveaux sont en pierre taillée et en général, d'une coupe élégante.

Ne pouvant donner une notice sur tous à cause des limites de notre ouvrage qui n'est qu'un *indicateur*, nous ne ferons que passer rapidement en nous arrêtant à ceux qui sont les plus dignes de remarque.

Le premier caveau de la grande artère de droite est celui de M. Charles Wilson.

Remontant cette voie, on remarque les monuments des familles Jacques Desautels et Louis Dupuy,—de la famille Grenier,—Darragh et F. X. Beaudry, le fondateur du magnifique orphelinat qui s'élève au coin des rues Ste-Catherine et St-Urbain. Son caveau est en marbre blanc avec bordure latérale en pierre taillée et chapelle intérieure. Le caveau suivant, à la famille Desbarats, a une façade ornée de quatre colonnes, d'ordre ionique, formant péristyle. Puis vient le monument Larose et celui de M. Barsalou, avec pilastres, niches dans l'entre-colonnement des pilastres et frontispice surmonté d'une belle tourelle massive, le tout en pierre polie d'un grain jaune clair. En face de la chapelle où nous arrivons, on remarque le monument de la famille Comte,—il est quadrangulaire et flanqué de petits clochetons ciselés de même forme,— le tombeau Charles Pratt et les deux caveaux de famille O'Brien, puis dans le coin gauche de l'allée de droite, celui de la famille Feniou en pierre jaune clair avec porte encadrée de marbre blanc et de refends en pierre brune façonnés. A droite, sont les tombeaux de famille Leveillé et Louis Renaud. Celui de cette dernière famille est formé d'une charmante petite façade surmontée d'une jolie tour clocheton de proportions monumentales avec statues sur ses quatre faces, toutes dans des niches. Dans la partie inférieure de la façade, sont également deux niches avec statues, le tout est en pierre d'un grain jaune clair. Quelques pas plus haut, sur la gauche, on voit le tombeau des familles Fabre et Gravel. C'est celui du vénérable arche-vêque de Montréal, Monseigneur Charles-Édouard Fabre. Il est composé d'un terrain avec un monu-ment central forme pyramide-clocheton à triple soubassement et de plusieurs tombes. Tout près de là (section F) est la tombe de Jane Gilroy, épouse de Thomas McCready. C'est la première personne qui fut enterrée dans le cimetière de N.-D. des Neiges, le 27 mai 1855, l'année de sa fondation. Une foule de jolies tombes attirent l'attention dans cette zone mais les limites de notre ouvrage nous forcent à regret de passer sans les mentionner.

En face du tombeau de famille de Mgr Fabre, est le monument chapelle Boyer. Sur sa gauche commence une bifurcation, qui, par son angle supérieur, ainsi que par plusieurs allées qui débouchent sur sa droite, va faire jonction avec le chemin dit de la savane ou de l'extrême droite du cimetière. A gauche de cette allée, l'attention est attirée, entre autres, par la tombe de la famille Alexis Dubord : c'est une pyramide quadrangulaire, sur socle élevé, flanquée de quatre colonnes et incrustée de plaques en marbre blanc. Après avoir tourné l'angle de cette allée, l'on aperçoit le monument inaugural du cimetière. C'est une pyramide quadrangulaire, d'une vingtaine de pieds d'élévation, entourée d'une clôture en fonte ouvrée. Elle porte l'inscription suivante : "Ce monument " est le premier qui s'éleva dans le cimetière. Il " est dû à la munificence des membres de l'associa- " tion St-Jean-Baptiste de Montréal et fut édifié " en 1855, à la mémoire de Ludger Duvernay, fon- " dateur de la société Saint-Jean-Baptiste, mort en " 1852."

A droite de ce monument est le terrain J. Beau- dry, renfermant les tombes de différentes familles, entre autres, celle de l'ex-shérif Leblanc.

En contre-bas du monument de la Saint-Jean- Baptiste, on avise le terrain surmonté d'une pyra- mide, de l'hon. J. A. Chapleau, secrétaire d'Etat, puis plus loin, une colonne surmontée d'une statue de pompier. Cette colonne recouvre les restes de plusieurs pompiers, morts victimes de leurs devoirs.

Poursuivant notre allée, nous rencontrons le monument Daniel Tracy. C'est un clocheton qua- drangulaire monumental de grandes et riches pro- portions ; des pilastres à sommet conique et à nervures flanquent ses angles, le tout d'une grande ornementation et d'aspect très élégant.

A côté est le terrain de M. R. J. Devins entouré

d'une clôture de fonte ouvrée. Son centre est orné d'une élégante pyramide quadrangulaire en granit d'un grain rose et gris. Cette pyramide repose sur un socle terminé par un bel entablement, et le socle lui-même est supporté par un triple soubassement dont le dernier est à corniche.

Viennent ensuite les caveaux des familles Brunet-Archambault-Féron,—assez remarquables. Le suivant, à la famille Jodoin, est à façade carrée, comme la plupart des monuments-chapelles ou à caveaux du cimetière. Ce tombeau est en pierre vermiculée et orné de sculptures aux encoignures, pilastres surmontés de sablier, avec murs dévalant et en retour,—fronton triangulaire, surmonté d'une pyràmide tronquée à arêtes coupées avec croix à son sommet. Un vaste terrain précède ce monument, un des plus beaux du cimetière.

Le monument Montmarquet, à côté, est aussi remarquable. La porte de fer, fermant la crypte ou chapelle, est divisée en panneaux à bordures dorées ; dans l'architrave ou plus simplement le frontispice, sont enchâssées des plaques de marbre —ange sonnant de la trompette,—croix au sommet, mur en retour, dévalant ou surbaissé, en forme d'S, surmonté de pierre conique.

La tombe suivante, à M. Thomas Tiffin, a un

fronton semi-circulaire : dans le demi-cercle, ange s'appuyant sur une urne.

Suivent les cryptes des familles Marie-Anne Guy, Villeneuve et O. Auger, tous trois dignes de mention. Le monument Auger est le dernier dans cette zone du cimetière.

Le chemin de la savane fait ensuite un retour à gauche et reprend sa direction longitudinale près des terrains du centre.

A l'angle formé par son retour, on croise le monument-pyramide en vedette de M. Doran. A notre droite, est un terrain boisé ;— sur la gauche, sont des terrains de famille avec pierres tombales verticales et horizontales; tous ces terrains sont cultivés et très bien entretenus.

Environ un arpent avant d'atteindre la limite des tombes et sur une petite allée parallèle à celle où nous marchons, se voit une grosse pierre brute, coupée en forme de bière ou cercueil: c'est la tombe de Guibord, de contentieuse mémoire. Cette tombe est la dernière curiosité de l'artère de droite : on croise ensuite le chemin conduisant à l'issue de droite du cimetière ; près de cette sortie est un chalet, habité par un garde.

En prenant l'allée de gauche, on tombe sur le

chemin central ou grand chemin ; c'est la première
grande voie que l'on rencontre sur la gauche.

Le chemin que l'on quitte, longe le cimetière
par le haut et va rejoindre le chemin du calvaire.
Vers le milieu de son parcours, sur l'extrémité du
cimetière, se trouve le terrain non bénit du champ
des morts. C'est un enclos rectangulaire, entouré
d'une haie en cèdre blanc ou plutôt en thuya.

Le grand chemin, ainsi que les sections centrales
sont occupés par de charmants terrains de famille
et par les enclos des communautés religieuses.

Dans les terrains de famille, beaucoup de monuments, quelques-uns riches, tous élégants. Là
dominent la pyramide avec ses genres multiples,
la colonne, le cippe et la pierre funéraire. Tous
ces terrains sont entourés de haies vives, de chaînes,
de barres de fer supportées par des bornes en
marbre ou pierre, ou par des clôtures en fer et fonte
ouvrés. Vers le milieu de l'allée centrale, à droite,
est le terrain des fosses communes : à la tête de
chaque fosse, est planté un piquet indicateur avec
numéro. Suivent ensuite, les terrains des communautés et hospices, savoir :

Les orphelins de St-Patrice ; l'Institution des
jeunes aveugles ; la congrégation des Frères des
Ecoles chrétiennes ; puis au second plan, c'est-à-

dire en arrière de ceux-ci, les terrains des grand et petit séminaires.

Tous sont clôturés de fer. Au centre et toujours à droite de la grande allée, sont encore cinq grands terrains disséminés, consacrés à la congrégation de " l'Union de prières." Ceux-ci sont clôturés de haies. Aucune tombe remarquable dans les enclos ci-dessus ; il n'y a que des croix dont l'uniformité est interrompue par quelques pierres tombales.

Sur l'allée latérale à gauche de celle que nous décrivons et vers son centre, on voit deux jolis massifs d'ifs sur tertre. Aux alentours de ces massifs, sont de belles tombes. Une d'entre elles appartient à la famille d'Odet d'Orsonnens. La pyramide qui décore son terrain, situé à l'angle de deux allées, porte ses armes surmontées de la couronne de comte et sa devise : *Certa fides, certa manus*.

Sur la gauche inférieure du chemin central, plusieurs terrains et monuments attirent l'attention, entre autres ceux des familles Clarke et Turcot. Arrivés à l'esplanade, nous prenons à droite pour remonter la grande allée de gauche : c'est le chemin de la croix ou du calvaire. Les stations présentent la forme de chapelles ouvertes. Ces chapelles sont revêtues intérieurement et extérieurement de ferblanc peint couleur rouge, pointé de gris. Les figures des tableaux du chemin de croix sont en bois sculpté, d'un rouge pâle. La douzième station est un calvaire élevé, surmonté. de trois croix de grandes dimensions avec personnages, et de deux statues : la Sainte-Vierge en pleurs et saint Jean l'Evangéliste.

Vu du chemin, ce calvaire produit un grand effet. La quatorzième station est ornée d'un autel et encadrée par des troncs d'arbre formant pignon.

Rien de plus édifiant, de plus touchant que ces stations de la voie douloureuse du Sauveur, disséminées sur la longueur du cimetière. Le chemin du calvaire est souvent parcouru par un grand nombre de pèlerinages des diverses congrégations de la ville et par une foule d'autres personnes, avides de cette belle et touchante dévotion. En arrière de plusieurs stations, sont des terrains affectés à l'inhumation des membres des congrégations laïques. La première tombe de la voie du calvaire est celle de la famille J. Lorange sur la droite : pyramide quadrangulaire. Jusqu'à la hauteur de la VIe station l'allée du calvaire n'est bordée, à droite et à gauche, que de terrains de congrégations ou de familles, sans monument digne d'attention. En revanche, ces simples et modestes

sépultures présentent une particularité extrême-
ment attrayante et même touchante : ce sont les
nombreux portraits des personnes mortes, enchâs-
sés dans les tombes de bois ou les croix qui les
recouvrent.

A gauche de la VIe station, est le caveau de la
famille A. S. Hamelin. Sa forme est celle d'un
pylone égyptien. A côté, monument Hébert, même
forme, puis celui de la famille de Lorimier, carré,
avec pilastres aux encoignures ; enfin, le tombeau
de la famille Skelly qui mérite une mention toute
particulière. C'est un mausolée de proportion mo-
numentale et d'une riche ornementation. Il est
construit en granit blanc-gris du pays. Des pilastres engagés dans les blocs de granit taillés, des
sarcophages sur les côtés et aux angles, un pan-
neau poli ; enfin, une niche, occupée temporaire-
ment par un ange, décorent la façade. Une tourelle, formée par quatre colonnes carrées et surmontée d'un entablement plat, repose sur la façade.
Au milieu de la tourelle, est une urne funéraire.
La façade est flanquée de deux espèces de clochetons soutenus par des pilastres et rehaussée, à ses
côtés inférieurs, par des bas-côtés dévalant et en
retour. L'intérieur de la crypte est revêtu de
marbre et ses parois sont percées de seize compar-

timents pour y placer des cercueils. Un terrain gazonné et en rampe précède ce magnifique mausolée.

En arrière de ce monument, est celui de la famille Dufort avec fronton triangulaire et quatre pilastres, puis celui de la famille Dubois. Nous passons la VIIe station, près de laquelle sont des terrains de famille avec tombes pyramidales. On croise ensuite le caveau F. X. St-Charles en marbre gris. Pilastres polis, urne funéraire et fronton semi-circulaire surmonté d'une croix. Le caveau de la famille Leduc est du même style. Après la VIIIe station, tombeau Kavanagh : figure de pylone égyptien. Les cryptes des familles Robert et A. Brunet sont de la même architecture. Celle de M. Joseph Christin est du même style que le monument St-Charles déjà cité, puis vient le tombeau Lenoir. En contre-bas du chemin du calvaire, entre la VIIIe et IXe station est le monument Jérémie Perreault, suivi de celui de M. Prévost. Ce dernier est en pierre jaune clair. La façade est ornée de plaques de marbre aux côtés avec chambranle de porte en marbre noir et aiguilles aux angles du monument; il est surmonté d'un clocheton monumental à trois étages, couronné par une croix; dans l'étage inférieur est une niche.

Intérieur de la crypte dallé en marbre avec case pour cercueils. Neuvième station, puis monument, Eugène Malo, carré en granit, avec anges aux angles et croix au sommet. C'est le dernier monument digne de remarque sur le parcours du calvaire.

Au delà, on voit quelques terrains de famille sur la gauche, avec simples monuments et enclos de congrégation à droite, derrière la dixième station. Sur la droite de cette station, est le chemin supérieur du cimetière, appelé chemin St-Jean-Baptiste. Au côté gauche de ce chemin on remarque parmi plusieurs autres, le terrain de Sir George Etienne Cartier. Ce terrain élevé sur tertre, est fermé par une clôture circulaire en fer ouvré, avec quatre entrées; sur chaque grille d'entrée, très ornementée, on voit les armes, avec la devise des Cartier : " Franc et sans dol."

Le calvaire, tout près de là, est la dernière grande attraction de la voie que nous parcourons : son site pittoresque et son aspect imposant, impressionnent profondément. Vient ensuite la XIVe station très remarquable, puis le chemin fait un coude à gauche et redescend le cimetière en passant devant trois tombes. Près de la crypte McCready, la dernière de ces tombes et la plus remarquable, le chemin du calvaire décrit un angle et débouche près de son point de départ, devant la deuxième station.

En continuant le chemin du calvaire depuis la quatorzième station, ou jouit d'une magnifique perspective sur le St-Laurent et l'île de Montréal et ce coup d'œil clôt agréablement la visite du chemin du calvaire.

Du reste, le chemin du calvaire et celui de la savane sont les deux voies du cimetière qui renferment les plus beaux et les plus curieux tombeaux.

Le cimetière de Montréal, bien que relativement récent, est un des plus beaux de l'Amérique ; il occupe le plus beau site de tous les cimetières du nouveau monde, et il est incontestablement la première nécropole catholique du Canada.

Avec ses améliorations actuelles, le cimetière catholique de cette ville peut être évalué à un demi million de dollars.

Tableau des décès pour la ville de Montréal et la Banlieue depuis l'année 1642 jusqu'à l'année 1886 inclusivement.

1642	1	1671	27	1700	64		
1643	5	1672	16	1701	47		
1644	3	1673	17	1702	42		
1645	3	1674	10	1703	222		
1646	3	1675	12	1704	38		
1647	1	1676	14	1705	52		
1648	2	1677	10	1706	63		
1649	4	1678	21	1707	58		
1650	5	1679	16	1708	115		
1651	4	1680	14	1709	61		
1652	3	1681	25	1710	49		
1653	2	1682	19	1711	65		
1654	5	1683	5	1712	62		
1655	7	1684	10	1713	111		
1656	6	1685	10	1714	161		
1657	6	1686	14	1715	95		
1658	5	1687	84	1716	146		
1659	7	1688	28	1717	104		
1660	22	1689	24	1718	88		
1661	19	1690	20	1719	98		
1662	16	1691	31	1720	75		
1663	9	1692	23	1721	90		
1664	13	1693	36	1722	100		
1665	21	1694	28	1723	128		
1666	23	1695	25	1724	92		
1667	16	1696	16	1725	92		
1668	10	1697	23	1726	107		
1669	17	1698	37	1727	147		
1670	16	1699	120	1728	134		
							3695

Tableau des décès pour la ville de **Montréal** et la Banlieue.—(*Suite*).

	3695				
1729	149	1759	279	1789	324
1730	161	1760	296	1790	348
1731	138	1761	250	1791	335
1732	142	1762	229	1792	278
1733	317	1763	177	1793	299
1734	142	1764	261	1794	259
1735	92	1765	339	1795	357
1736	121	1766	242	1796	347
1737	131	1767	228	1797	327
1738	116	1768	242	1798	258
1739	121	1769	420	1799	342
1740	123	1770	232	1800	328
1741	139	1771	214	1801	382
1742	161	1772	301	1802	432
1743	186	1773	270	1803	374
1744	181	1774	204	1804	317
1745	152	1775	228	1805	378
1746	144	1776	400	1806	362
1747	223	1777	335	1807	347
1748	216	1778	291	1808	287
1749	187	1779	253	1809	357
1750	196	1780	268	1810	528
1751	164	1781	251	1811	341
1752	171	1782	233	1812	461
1753	177	1783	332	1813	694
1754	165	1784	502	1814	580
1755	287	1785	244	1815	476
1756	312	1786	250	1816	559
1757	307	1787	274	1817	533
1758	266	1788	310	1818	542
					29189

Tableau des décès pour la ville de Montréal et la Banlieue.—(*Suite et fin.*).

	29189				
1819	637	1842	1403	1865	3325
1820	740	1843	1383	1866	2952
1821	536	1844	1501	1867	3696
1822	611	1845	1704	1868	4025
1823	647	1846	1733	1869	3265
1824	609	1847	2720	1870	3981
1825	915	1848	1667	1871	3544
1826	732	1849	1892	1872	5094
1827	723	1850	1442	1873	5401
1828	742	1851	1631	1874	6030
1829	857	1852	1681	1875	5439
1830	781	1853	1943	1876	5781
1831	989	1854	3210	1877	4130
1832	2732	1855	1984	1878	5495
1833	907	1856	1989	1879	4837
1834	2000	1857	2061	1880	5166
1835	595	1858	2021	1881	5068
1836	801	1859	2243	1882	4975
1837	1288	1860	2558	1883	5201
1838	780	1861	2650	1884	5565
1839	878	1862	2815	1885	10264
1840	1113	1863	3004	1886	5853
1841	1292	1864	3846	....	....
					209212

RÈGLEMENT

CONCERNANT LE CIMETIÈRE DE NOTRE-DAME-DES-
NEIGES ADOPTÉ À UNE ASSEMBLÉE GÉNÉRALE
DE MESSIEURS LES ANCIENS ET NOUVEAUX
MARGUILLIERS DE L'ŒUVRE ET FA-
BRIQUE DE LA PAROISSE DE
NOTRE-DAME DE MONTRÉAL.

Amendé à diverses époques par le bureau d'administration et approuvé par Sa Grandeur Mgr Edouard-Charles Fabre, archevêque de Montréal, le 22 août 1887.

RÈGLEMENT

CONCERNANT LA TENUE ET RÉGIE DU CIMETIÈRE DE
NOTRE-DAME-DES-NEIGES.

Les curé et marguilliers de l'Œuvre et Fabrique de la paroisse de Notre-Dame de Montréal, décrètent ce qui suit :

ENREGISTREMENT DES DÉCÈS.

I. Tous les jours de l'année, dimanches et fêtes exceptés, on devra faire enregistrer la personne décédée au bureau de la Fabrique, depuis 9 heures du matin jusqu'à 5 heures de l'après-midi. Aux autres heures, ainsi que le dimanche et les jours de fête, à la sacristie.

Les personnes qui viendront faire enregistrer devront présenter :

1. Le permis d'inhumation de monsieur le curé de la paroisse du défunt ;

2. Le certificat du médecin qui a donné ses soins au défunt, lequel certificat devra mentionner le nom, le sexe, l'âge, l'état, la nationalité, la date et la cause de la mort.

JOURS ET HEURES DES ENTERREMENTS.

1. Tous les jours de l'année, dimanches et fêtes exceptés, à $9\frac{1}{4}$ heures, 10 heures et $10\frac{3}{4}$ du matin.

2. Durant les mois de juin, juillet et août, les dimanches et fêtes, ainsi que les trois derniers jours de la semaine sainte, à $3\frac{1}{2}$ heures de l'après-midi.

3. Si l'on désire que le prêtre attende au delà des heures susdites, on est prié d'en avertir à temps M. le curé, ou son représentant, ou bien le clerc préposé à l'enregistrement des décès, au bureau de la Fabrique.

4. Aucun corps ne sera reçu au cimetière, sans le billet d'enregistrement du bureau de la Fabrique.

II. L'enregistrement se fera dans un nécrologe spécialement tenu à cet effet, et devra contenir : le numéro d'inhumation, les noms et prénom, qualité, date du décès, lieu de naissance, résidence, âge et maladie ou cause de mort de la personne décédée, ainsi que le montant payé pour son inhumation.

III. Il sera payé, lors de tel enregistrement, pour inhumation de chaque défunt adulte, une somme de quatre piastres et soixante-cinq centins, et pour l'inhumation de chaque enfant, deux piastres et cinquante centins.

IV. Il sera du devoir de l'employé préposé à l'enregistrement des décès, de délivrer au représentant de la personne décédée, un billet d'enregistrement, indiquant la date; le nom, prénom, âge, paiement ou non-paiement de l'inhumation, le genre de sépulture que l'autorité ecclésiastique aura jugé à propos de donner, et mentionner le refus de sépulture ecclésiastique quand l'autorité ecclésiastique l'aura prononcé.

Si le défunt est mort de maladie contagieuse ou pestilentielle, mention devra en être faite sur le dit billet.

V. La Fabrique fera inhumer gratuitement,

dans une fosse commune, le corps de toute personne dont la famille aura été reconnue incapable de payer l'inhumation.

LOTS DE SÉPULTURE.

VI. La Fabrique pourra concéder, dans le dit cimetière, des lots pour servir à la sépulture des membres de la famille du concessionnaire professant la religion catholique romaine et inhumés avec les honneurs de la sépulture ecclésiastique. Le prix des lots est de 40, 50, 60 et 75 centins le pied, selon la localité ; on achète ces lots au cimetière, où l'on en paie le prix, ou bien au bureau de la Fabrique, à son choix.

VII. Les lots pourront être de différentes formes et ne devront pas avoir moins de cinquante pieds en superficie, et un espace de pas moins d'un pied séparera chaque lot. Néanmoins, si plusieurs lots contigus sont concédés à la même personne, ou si plusieurs concessionnaires ont des lots voisins les uns des autres et qu'ils désirent les enclore en un seul, la dite Fabrique pourra à sa discrétion leur concéder le dit espace qui sépare tel lot.

VIII. Aucun concessionnaire ne pourra inhumer dans son lot, ni l'enclore, ni y placer quoi que ce

soit, à moins que le prix n'en ait été entièrement
payé ou qu'il ne soit autrement convenu.

IX. *Tout lot de sépulture*, employé par le concessionnaire ou ses représentants pour l'inhumation
d'un ou de plusieurs corps, et *dont le prix n'aura pas
été complètement payé dans les six mois qui suivent
l'échéance, sera confisqué au profit de la Fabrique,*
ainsi que tous les versements qui auraient pu être
faits en acompte du prix d'icelui; et tous les droits
de propriété que pourrait avoir le concessionnaire
à tel lot, en vertu d'un acte de vente, concession
ou autre titre du dit lot, seront par le fait annulés
et rescindés à toutes fins que de droit.

Et dans le cas où aucune inhumation n'aurait eu
lieu sur le dit lot ainsi confisqué, la Fabrique devra
rembourser, sans intérêt, au concessionnaire ou ses
représentants, le montant qui aurait pu être payé
en acompte du prix du dit lot.

X. Tout concessionnaire de lot sera tenu, aussi-
tôt après l'acquisition de :

1. Clore son lot, ou du moins de placer aux
quatre coins, des bornes, soit en pierre, soit en
métal. L'une des dites bornes, placée sur le front
du dit lot, devra en porter le numéro et la section.
S'il arrivait que pour avoir négligé cette précau-
tion on ne pût découvrir le dit lot, ou qu'il aurait

été revendu, la Fabrique pourra offrir au concessionnaire en défaut un lot de même superficie, et il sera tenu de l'accepter.

2. De ne placer ou construire sur son lot aucun monument, clôture, tombe, pierre tumulaire ou autre ouvrage quelconque, sans au préalable en avoir soumis les plans à la Fabrique et avoir obtenu la permission du curé. Si les dits monuments funéraires doivent être ornés d'inscriptions, de statues, de gravures ou sculptures, on les soumettra d'avance à l'approbation du curé.

3. De ne faire creuser aucune fosse sur son dit lot, par aucune personne que celles préposées à cet effet par la Fabrique et sans en avoir reçu un permis au bureau de la dite Fabrique.

4. D'entretenir en bon ordre les monuments, clôture ou toute autre construction qui seront placés sur son dit lot.

5. De signer avec la Fabrique un acte authentique pour la concession de tel lot, et en payer le coût; lequel acte ne sera passé que lorsque le prix d'achat en aura été complètement payé.

6. De ne céder, vendre, transporter son droit au dit lot à qui que ce soit, sans le consentement par écrit de la Fabrique.

7. Enfin, de se conformer aux règlements en

force ou qui pourront à l'avenir être faits pour la bonne administration du cimetière.

XI. Dans le cas de contraventions aux dispositions du paragraphe second de la dixième section du présent règlement, la Fabrique pourra faire effacer toute inscription et enlever tout objet de tel lot qui, d'après la décision de l'évêque ou du curé, ne conviendrait pas dans un cimetière catholique.

XII. Toute clôture ou entourage d'un lot ne devra pas excéder une hauteur de vingt pouces, si telle clôture ou entourage est en pierre ou en marbre; et trente pouces, si elle est en fonte ou en fer.

Les clôtures et entourages en bois sont prohibés, excepté ceux en haie vive.

XIII. Si dans un lot, aucun arbre, arbrisseau ou plante, nuit aux lots voisins ou à la circulation dans les avenues ou sentiers, la Fabrique seule pourra les arracher, couper et enlever.

XIV. La Fabrique ne sera tenue, en aucune manière, durant la saison d'hiver, à l'entretien d'aucune avenue ou sentier conduisant aux lots et fosses concédés; et si aucun concessionnaire désire inhumer dans tels lots ou fosses, durant la dite saison, les avenues ou sentiers qui y conduisent seront tracés et ouverts à ses frais et dépens.

XV. La Fabrique se chargera de l'entretien des lots moyennant une raisonnable compensation qui sera *invariablement payable d'avance.*

XVI. Tout ordre pour creuser une fosse sur un lot, devra être donné au bureau de la Fabrique un jour d'avance.

XVII. La Fabrique se chargera de transmettre au cimetière, par voie téléphonique, tout ordre pour creuser les fosses, moyennant vingt-cinq centins.

FOSSES PARTICULIÈRES.

XVIII. La Fabrique pourra concéder, au prix de 50 centins le pied, des fosses particulières pour l'usage des catholiques romains inhumés avec les honneurs de la sépulture ecclésiastique.

XIX. Ces fosses devront être numérotées et devront mesurer 8 x 3 pieds, ou avoir une superficie de vingt-quatre pieds. Un espace de 6 pouces sera réservé entre chaque fosse.

XX. Les dites fosses ne pourront, en aucun cas, être encloses, ni recevoir aucun monument, excepté une croix, ou tombe dont la largeur ne devra pas excéder deux pieds.

XXI. Les diverses dispositions de ce règlement concernant les lots de sépulture, s'appliqueront aux fosses particulières, excepté celles incompatibles avec les deux sections immédiatement précédentes.

FOSSES ORDINAIRES.

XXII. La Fabrique pourra, de concert avec le Curé, de temps à autre, approprier telle partie du cimetière qu'elle jugera convenable (sauf celles déjà réservées pour lots et pour fosses particulières) pour l'inhumation avec la sépulture ecclésiastique, des corps qui n'ont pas de lots ou de fosse particulière, et pour lesquels le droit de sépulture aura été payé. Cette partie devra être divisée en deux, dont l'une pour l'inhumation des adultes et l'autre pour celle des enfants.

XXIII. La Fabrique pourra aussi réserver, sur la partie des fosses ordinaires, telle grandeur de terrain qu'elle jugera convenable pour l'inhumation des membres des confréries de l'Union de Prières.

XXIV. Il pourra être placé sur une fosse ordinaire, pour l'espace de cinq années à compter du jour de l'inhumation, une croix ou pierre tumulaire, pour laquelle, il sera payé à la Fabrique une somme de vingt-cinq centins ; et aucun monument ou construction quelconque ne pourra être placé sur les dites fosses.

XXV. Après l'espace de cinq années, à compter du jour de l'inhumation, la dite Fabrique pourra inhumer de nouveau sur les dites fosses ordinaires.

XXVI. Tout individu ayant droit, selon les règles de l'Eglise, à la sépulture ecclésiastique, mais pour lequel le droit d'inhumation n'aura pas été payé, sera inhumé dans une fosse commune et ne pourra, en aucun cas, en être exhumé.

XXVII. Il ne sera placé sur les dites fosses communes aucun monument, pierre tumulaire ou toute autre construction quelconque.

XXVIII. La Fabrique devra réserver et tenir enclos, dans le cimetière, un espace de terrain divisé en deux, dont l'un servira pour l'inhumation des enfants morts sans baptême et l'autre pour toute personne appartenant nominalement à l'Eglise catholique, mais qui sera jugée indigne de la sépulture ecclésiastique.

XXIX. Toute fosse pour adulte sera creusée à une profondeur de quatre pieds ; et si demande est faite pour que telle fosse soit plus profonde, il sera payé pour le premier pied cinquante centins, pour le second soixante-cinq centins et il sera ainsi ajouté quinze centins par chaque pied additionnel.

XXX. Toute fosse pour enfant aura une profondeur de trois pieds, et pour tout pied additionnel il sera payé, pour le premier, trente centins, pour le second, quarante centins, et ainsi de suite.

EXHUMATIONS.

XXXI. Aucun corps ne sera exhumé de sa fosse, pour être inhumé de nouveau dans le dit cimetière, sans une demande par écrit de l'un des plus proches parents ou ayant cause et sans le permis du curé de Notre-Dame.

XXXII. Il sera exigé pour l'exhumation et l'inhumation nouvelle d'un adulte, dans le dit cimetière, une somme de quatre piastres, et pour celle d'un enfant, deux piastres.

CHARNIER.

XXXIII. On pourra déposer les corps dans le charnier du cimetière, depuis le premier novembre jusqu'au premier de mai de chaque année, excepté ceux qui seraient morts de maladies contagieuses.

XXXIV. L'intendant du cimetière ne devra déposer, dans le dit charnier, aucun corps, sans un ordre de la Fabrique, à moins que paiement du droit de charnier ne soit fait à lui-même.

XXXV. Il sera du devoir du dit intendant, en déposant un corps dans le dit charnier, de poser d'une manière fixe sur le cercueil, une contre-marque dont le double sera remis à la famille, pour l'identification quand besoin sera, et de placer, au-dessus de la dite contre-marque, une petite carte portant le nom du défunt.

XXXVI. Tout corps ainsi déposé devra être enterré dans les vingt premiers jours de mai de chaque année, et, à défaut par la famille de se pré-senter dans le dit espace de temps, la Fabrique pourra enterrer elle-même tout tel corps qui n'aura pas été réclamé.

XXXVII. Toute personne réclamant un corps, ainsi déposé dans le dit charnier, devra alors iden-tifier le cercueil et remettre à l'intendant du dit cimetière, le double de la contre-marque ; mais il ne sera permis en aucun cas d'ouvrir le cercueil.

XXXVIII. Il sera exigé et payé d'avance, pour droit de charnier, et pour le transport de ce lieu à la fosse, pour chaque adulte, deux piastres d'entrée et 50 cts par mois ; pour chaque enfant, une piastre et vingt-cinq centins d'entrée et 25 cts par mois.

6

DIVERS.

XXXIX. Les portes du cimetière seront ouvertes tous les jours depuis le lever jusqu'au coucher du soleil, excepté l'avant-midi des dimanches et jours de fête, où elles resteront fermées.

XL. Il est strictement défendu à qui que ce soit de faire aucun ouvrage manuel dans le dit cimetière, les jours de dimanche et de fête.

XLI. Il est défendu aux conducteurs de voitures d'aller plus vite que le pas.

XLII. Tout contracteur, journalier, employé à la construction de monuments, voûtes, charniers, ou à l'enclos de lots, sera sujet au contrôle et à la direction de l'intendant du cimetière; et tout tel contracteur, journalier, contrevenant à la présente disposition, pourra être privé du droit de travailler dans le dit cimetière.

XLIII. Il sera du devoir de l'intendant du cimetière de veiller au maintien du bon ordre dans le dit cimetière, et il lui sera adjoint, à cette fin, un nombre suffisant de constables spéciaux pour l'aider au maintien du bon ordre.

XLIV. Il sera du devoir des dits constables d'arrêter toute personne contrevenant aux dispositions suivantes de l'Acte concernant le cimetière de

N.-D. des Neiges, passé en la 35e année du règne de Sa Majesté, chap. 43 des Statuts de Québec:

" 16. Si une personne quelconque dans le dit cimetière:

" 1. Cause des désordres, ou rôde, ou se tient flânant sans bon motif apparent, ou se conduit d'une manière indécente, ou vend, ou offre en vente toute boisson, fruits, sucreries ou choses quelconques, ou fait partie d'une réunion de plaisir, ou de toute assemblée profane, ou résiste, ou refuse de se retirer sur l'ordre qui lui en est donné par aucune personne préposée ou employée à la garde du dit cimetière et agissant dans l'exécution de ses devoirs;

" 2. Ou volontairement ou malicieusement détruit, endommage, mutile ou déplace toute tombe, monument, pierre tumulaire ou autre construction dans le dit cimetière, ou toute clôture, claire-voie ou autre construction pour la protection du dit cimetière, ou de toute tombe, monument, pierre tumulaire ou autre construction susdite, ou d'un lot de terre quelconque dans le dit cimetière; ou volontairement ou malicieusement détruit, coupe, casse ou endommage un arbre, arbuste, plantes, fleurs, dans les limites du dit cimetière; ou joue d'un jeu quelconque, ou décharge des armes à feu (excepté lors des sépultures militaires), ou trouble les personnes assemblées dans le dit cimetière pour la sépulture d'un corps, ou enfin commet une nuisance quelconque dans le dit cimetière ;

" Toute telle personne pourra être arrêtée par tout préposé ou employé comme susdit, et conduite devant un juge de paix, ou toute cour ayant juridiction compétente, et sera punie, pour chaque telle offense, par une amende n'excédant pas cinquante piastres et de pas moins de cinq piastres, suivant la nature de l'offense ; et à défaut du paiement de la dite amende, elle sera sujette à un emprisonnement, dans la prison commune du district de Montréal, pour une période qui ne sera pas moins de cinq jours et n'excédant pas un mois.

" 17. Et le dit contrevenant sera aussi sujet à une action dans toute cour ayant juridiction compétente, qui pourra être intentée par la dite Fabrique, pour le paiement de tous dommages qui auront été occasionnés par tels actes illégaux, et le montant tant de l'amende, si elle est payée, que de tels dommages, sera employé, sous la direction de la dite Fabrique, soit pour réparation de tels dommages, soit pour l'entretien du dit cimetière, soit pour l'enterrement des pauvres qui y sont inhumés."

INDICATEUR

CIMETIERE DE NOTRE-DAME DES NEIGES,

31 AOUT 1887.

——◆——

A

	No	Section	Pieds
Allard, Elizabeth	26	H	49
Auger, Charles	232	H	½ 100
Amesse, Benjamin	298	H	72
Amesse, Pascal	940	N	200
Archambault, F. X. et Jos	49	J 1	300
Archambault, Amable, N. P.	788	P	½ 208
Archambault, E. U	91	O	320
Archambault, Exupère et Sulpitien	180	J 3	100
Alvès, Collette	208	F	½ 200
Aubertin, Mary Ann, Vve E. Rickern	185	F	50
Alvès, Philomène, Vve A. Archambault	551	H	140
Archambault, F. X., avocat	26	K	400
Auger, Arthur, Edm., Stan. et autres	16	K	300
Arcand, Simon	277	J 3	50
Archambault, Prospère, marchand	42	N	100
Archambault, Louis, entrepreneur	38	N	100
Arcand, Trefflé, doreur	69	N	100
Archambault, Eugène, meublier	120	N	½ 100

	No	Section	Pieds
Archambault, Rodrigue, commis.........	101	N	$\frac{1}{3}$200
Armand, George, cordonnier..............	266	N	100
Allard, Jos., boulanger...................	486	N	100
Archambault, Frs., commis...............	854	N	100
Archambault, Thomas, charpentier......	909	N	50
Archambault, Amable......................	154	J 3	$\frac{1}{2}$100
Allard, George, menuisier...............	793	N	$\frac{1}{2}$64
Arcand, J.-Bte, hôtelier...............	1021	N	100
Allarie, Norbert, tailleur..............	1021	N	50
Amesse, Pierre, charretier	299	H	72
Audet dit Lapointe, Ferd., menuisier...	236	J 2	124
Armand dit Flamme, boulanger...........	1122	N	50
Ayotte, Jos., cordonnier...............	39	P	50
Archambault, Edm., hôtelier..............	182	P	100
Achim, Zotique, marchand..............	203	P	100
Auger, Olivier, avocat	62	P	190
Archambault, Dieudonné, médecin......	223	F	$\frac{1}{2}$200
Aumond, Sophie, Vve R. Collin et Alp., commis.................................	249	P	120
Archer, David, argenteur	574	P	94
Aubry, Christine, Vve D. St-Jean........	275	J 2	100
Auger, Olivier	30	L	200
Allaire, R. J.............................		P	
Aubry, Marcel, jardinier.................	576	P	100
Aubry, Benj., Etienne, Rémi et Hdas...	176	P	100
Asile Nazareth............................	3	G	
Archambault, A., notaire..................	788	P	$\frac{1}{2}$208
Allard, Gilbert..........................	741	P	50
Archand, Elie, scieur....................	806	P	50
Aubry, André, boulanger..................	776	P	64
Archambault, Jules, carrier..............	764	P	58
Aubin, A. N.............................	74	B	50

	No	Section	Pieds
Aubut, F. M	7	H	42
Anctil, Alp., machiniste..................	943	P	104
Arcand, L. H., détectif..................	911	P	50
Auger, Vve J.-Bte., née Sauvé dit La-			
plante	121	D	176
Archambault, Vve A. S. et Ls. son fils.	565	P	148
Archambault, Edm........................	182	P	1r0
Alarie, Adolphe, forgeron..............	1136	P	100
Auger, Alexandre, sellier...............	1188	P	50
Audet, Jos., commis....................	761	P	$\frac{1}{4}$ 147
Amyot, Geo., commerçant................	1284	P	100
Allard, Louis, entrepreneur.............	1	U	348
Archambault, Dme Oscar.................	32	C	$\frac{1}{2}$ 300
Aubin, Aimé, ingénieur.................	117	N	68
Adelin, Flavien, hôtelier...............	169	P	90
Aubé, Rodrigue, charretier.............	651	N	50
Aumond, Moise, pompier	1445	P	64
Audet, Alphonse, employé civil..........	47	O	322
Asselin, Elie, inspecteur de bâtisses......	1081	N	100
Archambault, Jos., peintre..............	1415	P	100
Aubertin, Nap., sr, épicier	390	P	$\frac{1}{2}$ 120
Aubertin, Nap., jr, teneur de livres	390	P	$\frac{1}{2}$ 120
Audet dit Lapointe, Fréd., marchand...	87	R	100
Aquin, Toussaint, entrepreneur	59	R	100
Aubry, Vve Stanislas....................	99	R	$\frac{1}{3}$ 100
Allard, Louis, menuisier................	79	R	100
Archambault, Gaspard, docteur..........	142	D	226
Aubertin, Alexandre, cultivateur.........	47	G	100
Archambault, Jos., marchand.............	44	G	100
Archambault, Horace, avocat.............	138	D	248
Allard, J.-Bte, teneur de livres..........	67	G	133
Alarie, J.-Bte, commerçant	326	J 2	100

	No	Section	Pieds
Aubert de Gaspé, Alfred-Patrice	26	G	200
Aubry, A. D., M. D.............................	384	J 3	144
Auclair, André	167	F	100
Allaire, F. Odilon, meublier	623	N	100
Arbour, Norbert, maître-charretier	61	P	½ 200
Archambault, Christophe, notaire	84	G	100
Amarie, Vve Alexandre.....................	300	J 2	24
Adhémar, P. M., collecteur	824	H	80
Adelin, Ricard, Alf., hôtelier	706	H	56
Antille dit St-Jean, Ernest, marchand-tailleur..	92	G	½ 100
Antille dit St-Jean, Narc., menuisier...	92	G	½ 100

B

	No	Section	Pieds
Barbeau, Maxime, tourneur..................	160	H	132
Babue, Marie-Anne..........................	431	H	64
Barsalou, Jos E	45	J 1	150
Baron, D......................................	80	J 2	72
Baccerini, George	124	J 3	100
Barbeau, Edm, caissier, Crédit Foncier Français...................................	241	F	100
Barbeau, Thomas, maçon....................	19	F	200
Bazinet, Jean D.............................	190	F	200
Barsalou, Jos., marchand..................	83	C	1387
Baulne, Magloire.............................	320	J 2	100
Baulne, André	321	J 2	½ 100
Bayard, Noël, maçon	14	D	⅓ 200
Barsalo, B. E., Vve.........................	313	J 3	½ 338
Bastien, Benoit, charpentier...............	318	J 3	118
Bazinet, Antoine, artiste....................	500	N	48
Barsalo, Tharsile, Vve A. Dubreuil......	123	D	120
Banville, Thos., constable	377	N	50

	No	Section	Pieds
Barrette, J.-Bte., charretier..................	278	J 3	50
Bastien, Edouard, entrepreneur...........	31	P	100
Bardet dit Lapierre, Louis	228	H	88
Bayard, Dme, née Léocadie Aubertin...	48	H	70
Bartel, F. X., rentier....................	257	P	½ 300
Beaumont, Vve James, née O'Flaherty.	435	P	64
Barré, Félix, boucher........................	519	P	370
Barbe, F. J.................................	380	P	64
Barrette, Jos., marchand....................	125	J 2	75
Barrette, Mathilde, ép. Will. Irvin........	86	B	200
Beaudry, A. F.-X., marchand......	108	B	104
Barbeau, T. R., bourgeois..	107	B	104
Balète, Emile, professeur.....................	133½	P	50
Barrette, Mathilde, Vve N. Lefebvre.....	86	B	200
Barbier, Pierre, maître-charretier.........	180	B	200
Brault, Frs. X., cultivateur................	1219	P	104
Beaudry, Josephte, Vve E. A. Dubois...	45	D	200
Bayard, Erd, Hdas, Cordélia et Marie...	511	P	100
Bayard, Jos. Ed., menuisier..............	80	T	50
Barré, Louis, collecteur.....................	28	T	241
Baillargeon, Vital, commis de poste	73	C	167
Bazinet, Théophile..........................	40	G	100
Barrière, Chs., marchand...................	111	G	100
Baron-Lafrenière, Arthur	66	R	½ 100
Barbe, Vve Maxime, née Lucie Scott.....	380	P	½ 64
Barsalo, Edmond, confiseur................	205	H	48
Bergin, Michel..............................	224	H	48
Beauchamp, David	233	H	100
Beauchamp, Jos..............................	265	H	24
Berger, Chs., menuisier.....................	9½	J 2	100
Bertrand, Jos................................	84	J 2	100
Belletête, Marguerite, Vve Jos. Caron..	153	J 2	24

	No	Section	Pieds
Béliveau, Hilaire....................	142	J 3	100
Berthelot, Jos. A....................	11	K	$\frac{1}{2}$600
Béliveau, L. J., succession........9 et 11		D	363
Beaudry, E. E....................	55	D	179
Benoit, Zéphirin, commerçant.........57 et 59		D	400
Berthiaume, Jos., marchand............	30	D	177
Belle, E. E., notaire....................	121	F	200
Beaudry, Jean S., marchand............	59	C	400
Bernard, Jos. D., marchand............	34	C	200
Beaudry, Jos., marchand	70	C	453
Beaudry, J.-Bte, marchand............	71	C	433
Bélair, Ls. R. P	18	J 1	425
Beaudry, Louis	38	C	240
Bernard, François....................	114	F	$\frac{1}{2}$200
Beauchamp, Vve Jos....................	247	F	200
Bernard, Bernard....................	54	J 1	$\frac{1}{2}$187
Bélanger, Adolphe, meublier............	61	J 1	$\frac{1}{2}$204
Benoit, F. X., clerc du marché..........	235	J 3	100
Beauchamp, Wm., coiffeur............	303	J 3	50
Berthiaume, W., marchand	96	J 3	$\frac{1}{2}$225
Bédard, Louis, notaire....................	316	J 3	80
Beaudry, J. N., Cie du Richelieu........	313	J 3	$\frac{1}{2}$338
Beaudry, F. X., bourgeois............	95	C	900
Beauvais, E. S. D., marchand............	118	N	100
Beauchamp, J.-Bte, menuisier..	125	N	50
Beaudry, C. F....................	115	F	100
Berthelet, Olivier, bourgeois	75	E	$\frac{1}{2}$1000
Beaudoin, Jos., épicier............	200	N	$\frac{1}{2}$143
Beaudoin, Ant., marchand............	131	D	$\frac{1}{2}$228
Beauvais, J. C., marchand............	75	C	200
Bertrand, Prosper, entrepreneur........	325	N	100
Béliveau, Jos., hôtelier....................	329	N	100

	No	Section	Pieds
Beaucaire, Frs., épicier	506	N	100
Beauregard, F. X., officier civil	622	N	100
Bérard, Frs., voiturier	710 et 711	N	108
Bélanger, Pierre, briquetier	770	N	70
Benoit, Alfred, menuisier	738	N	100
Beaudoin, Amable, meublier	748	N	50
Beauséjour, J.-Bte, cordonnier	945	N	50
Beauchamp, L. E., marchand	938	N	152
Bélanger, Agnès et Philomène	859	N	50
Beauchamp, Nap., boucher	1024	N	$\frac{1}{2}$ 100
Beauvais, I. A., marchand	1016	N	200
Bérubé, J. C., sculpteur	83	P	52
Berthiaume, Clément, march.-tailleur...	138	P	64
Bernier, Jos. Ls. Rémi, Hilaire et Berthiaume	86	T	337
Bétournay, Onésime, commis	284	N	50
Beauchamp, F. X., bijoutier	407	P	126
Beaudoin, Chs., boucher	402	P	150
Benoit, Dame P., née Desmarais	148	B	180
Beaucagé, Urgèle, tanneur	115	B	100
Bélisle, F. G., marchand	429	B	247
Beaudry, P. Jac. et Jos. U.	50$\frac{1}{2}$	J 3	515
Beaudry, Frs	327	J 3	$\frac{1}{2}$ 120
Beauchamp, Ls, commis	2	N	$\frac{1}{2}$ 162
Bédard, Narcisse, cordonnier	927	P	50
Bertrand, Ls Firmin, commis	871	P	50
Bertrand, F. X.	942	P	82
Bertrand, Jules	1245	N	54
Beaudry, Hon. Jude-Ubalde	5	O	500
Beau, Chs, restaurateur	977	P	$\frac{1}{2}$ 112
Bertrand, Jos., sacristain de Notre-Dame	609	P	$\frac{1}{2}$ 200
Bessette, D. Z., courtier	1009	P	200

	No	Section	Pieds
Beauchemin, C. O., libraire	8	U	$\frac{1}{2}$352
Benoit, Philippe et Joseph	930	P	50
Beaudoin, George	968	P	78
Berthiaume, J.Bte, hôtelier	139	P	64
Belleville, Léon, hôtelier	100	B	110
Bélanger, Maxime, boulanger	92	B	$\frac{1}{3}$175
Bertrand, O. J., peintre	947	P	50
Bergevin dit Langevin, Pierre, Vve née Marie Vandal	143	J 3	100
Beauchamp, Chs, tonnelier	1069	P	50
Berthelet, Antoine, menuisier	115	B	58
Benoit, Lucien, sculpteur	1182	P	50
Benjamin, Virginius Raphaël, marchand	1067	N	$\frac{1}{3}$234
Bernard, Richard, teneur de livres	41	T	97
Bellefleur, Eug., journalier	1216	P	50
Beaudry, Narcisse, bijoutier	52	O	138
Bernier, Télesphore C., marchand	68	T	50
Bétournay, J. Onésime, marchand	666	P	$\frac{1}{2}$264
Bélanger, Chs, tabaconiste	1389	P	100
Bédard, Pierre, boucher	1384	P	50
Bélanger, Jos., menuisier	1381	P	96
Bédard, Vve Ls, née Julie Lamarche	103	N	140
Belisle, Vve G., née Sara Falardeau	148	J 3 .	50
Belouin, Paul, machiniste	1578	P	96
Beaupré, Edouard, cordonnier	1438	P	50
Bélanger, Elzéar, peintre	480	P	100
Beauchamp, Joseph et Nicolas, bouchers	14	B	150
Beaulieu, Vve Zotique, née Délima Lavigne	250	P	103
Bertrand, Vve O., née Délima Champagne	1470	P	50
Bélanger, Vve E., née Olive Bélanger	1108	P	72

	No	Section	Pieds
Beaulieu, Ephrem, meublier	284	P	64
Béchard, Alphonse, gardien	176	K	50
Beauchamp, Jos., maître charretier	213	K	87
Bélanger, Jos., maçon.....................	153	K	63
Bélanger, Vve Jules, née A. Lespérance	107	K	105
Beaulieu, Damase, peintre	922	N	$\frac{1}{2}$ 96
Benoit, Moïse, commerçant	3$\frac{1}{2}$	R	$\frac{1}{2}$ 413
Benjamin, H. Ed., commis..................	712	P	50
Beauchamp, Ovila, cordonnier...........	618	N	100
Beaudoin, W. Philéas, épicier..............	61	R	100
Beauchamp, Jos. Chs, comptable	139	D	139
Benoit, Louis, mouleur.....................	189	R	56
Berlinguette, Vve-Isidore..................	225	R	$\frac{1}{3}$ 100
Bertrand, Félix, ingénieur................	15	R	216
Beaulieu, Delphis A., peintre	43	G	133
Belhumeur, C., entrepreneur..............	110	G	100
Belhumeur, Jos., cordonnier..............	74	G	100
Bienvenu, Bruno	40	J 2	100
Biron, J.Bte	50	D	$\frac{1}{2}$ 258
Bibaud, Jean G., M.D	13	F	191
Bibaud, J. J. E..........................	148	F	100
Bibaud, Lucie Delle, institutrice.........	378	J 3	50
Bissonnette, Adolphe, grand connétable	14	C	150
Bissonnette, Jos., commis	374	J 2	70
Bisaillon, Jos. et al., barbier	630	P	$\frac{3}{4}$ 200
Byette, Jean, imprimeur..................	124	D	$\frac{1}{2}$ 111
Bienvenu Chs, commis	12	T	200
Binette, Jos.............................	1023	P	50
Bissonnette, Julien, comptable...........	135	B	200
Bigras, Louis, briqueteur..................	1243	P	50
Bisson, J.Bte, ferblantier	1331	P	50
Bisaillon, Jos., avocat....................	1407	P	137

	No	Section	Pieds
Bissonnet, Roch, boucher.....................	1489	P	½ 101
Biron, Samuel, succession	20	C	260
Bissonnette, Barnabé, marchand	529	P	½ 200
Bisaillon, Odilas, charretier................	66	G	½ 133
Blain, Olivier	21	D	200
Blache, Louis, bourgeois....................	86	F	100
Blain, Michel, charpentier	87	J 1	50
Blanchard, J.Bte...............................	20	N	100
Blondin, Magloire, collecteur..............	522	N	100
Bleau, Delphis, tailleur de pierre	581	N	190
Bleau, A. L., commis........................	1205	N	½ 100
Bleau, Trefflé, boucher	107	P	100
Blanchette, Ls..................................	404	H	112
Bleau, Jos., briqueteur......................	604	P	50
Blanchard, Marguerite, Vve Welsh......	1163	N	½ 100
Blanchard, E. V., capitaine................	240	J 2	264
Blanchard, Emilie.............................	52	T	72
Blanchette, Anne	102	P	⅓ 100
Blais, Michel, forgeron	375	N	50
Blanchard, Vve Louis, née Egginton...	112½	T	320
Blanchette, J.Bte, ferblantier	104	H	48
Bonin, Isidore.................................	54	H	48
Bourgeois, David, gentilhomme...........	91	H	40
Bourbonnière, J.Bte, famille de	178	H	100
Boucher, Ignace...............................	191	H	100
Boissi, Alphonse	38	J 2	124
Bourgouin, Flavie, Vve Monette.........	97	J 2	100
Boussy, M. F., Vve R. Dillon	175	J 2	40
Bourdon, Barthélemi	158	J 3	100
Boudreau, Ulric, marchand................	47	E	588
Bourassa, J.Bte...............................	35	B	150
Boyer, Louis, marchand	2	C	300

	No	Section	Pieds
Bouchet, — avocat..	47	J 3	½ 488
Boisseau, Simon, tailleur de pierre........	310	J 2	100
Bouthillier, Tancrède, shérif............	155	F	365
Bourgeau, Victor......................	29	K	380
Bourget, Louis, tailleur	268	J 2	68
Bourdeau, Jos., commis	367	J 2	100
Boire, F. X., maçon 103–4		J 1	104
Bourgouin, Louis	7	E	200
Bonacina, Chs, officier civil	111	E	200
Bourbonnière, Chs et Ls....................	139	F	100
Boyte, Chs, succession	256	J 3	50
Boucher, George, marchand ..,............	33	B	200
Boivin, Guillaume	7	O	500
Boucher, J. A. Ant. et J. N..............	197	N	182
Bourgeois, Jos., tonnelier...................,	252	N	50
Bourque, P. P., tailleur	331	N	100
Bourassa, Hercule, menuisier	321	N	96
Bougie, Joseph..............................	527	N	100
Boucher, Frs-X., marchand...............	619	N	108
Boudreau, Ulric, boucher...................;	590	N	200
Bourgouin, Jos., entrepreneur	777	N	200
Boisseau, Vve Léocadie......................	936	N	200
Bourgouin, Oct., entrepreneur-maçon..	100	J 1	210
Bourbonnière, A., teneur de livres	1085	N	68
Bourdon, A. P. N., garde-magasin......	420	N	½ 150
Bourgeois, Gaspard, épicier................	1127	N	50
Boucher, A. J., marchand	1020	N	100
Bourdon, Denis, photographe..............	1217	N	50
Bourdeau, Pierre, marchand..............	7	A	150
Boissonnault, J.Bte., menuisier...........	1252	N	½ 162½
Bocquet, Frs, cuisinier	152	P	50
Bourgouin, Damase, conducteur C. U..	150	P	100

	No	Section	Pieds
Bourbonnière, Jos., ferblantier............	49	H	70
Bonin, Alfred, épicier....................	328	P	64
Bohémier, Victor....................	429	P	64
Bouthillier, Alphonsine..................	334	P	64
Boismenu, Luc, commerçant..............	777	P	64
Boivin, Henri, marchand de chaussures	816	P	90
Bourgeau, Geo. Samuel, libraire.........	723	P	169
Bolté, Edouard, teneur de livres.........	94	B	150
Bourdon, Frs-X., épicier	118	B	$\frac{1}{8}$135
Bourbonnière, T. B., notaire..............	430	N	200
Boque, Henry, sr., négociant	877	P	118
Boismenu, Félix, entrepreneur...........	36	T	92
Bourassa, Noé, boucher..................	696	P	200
Bourgouin, Hyacinthe, entrepre.-maçon	270	O	198
Boucher, Ephrem, marchand..............	781	P	100
Boudrias, Paul, jardinier	182	B	$\frac{1}{4}$200
Bourret, Jos., tailleur	82	T	122
Boudrias, Henri, mouleur.................	1556	T	70
Boudrias, Dominiq., instituteur..........	99	D	$\frac{1}{2}$306
Boudreau, Jos. M., marchand	45	O	333
Boyer, Narcisse, tailleur de limes.........	320	P	$\frac{1}{4}$330
Boisseau, Nérée, cordonnier...............	7	A	75
Bouthillier, Frs-X., constable	41	R	256
Boivin, Henri, constable...................	42	R	$\frac{1}{4}$116
Boismenu, Norbert, meublier..............	203	R	100
Boudrias, Simon	52	R	$\frac{1}{6}$100
Boudreau, Vve Z., née McIntosh.........	140	R	56
Bourret, Hdas. A., commis	14	R	216
Bouthillier, Alphonse, marchand..........	533	P	$\frac{1}{2}$272
Bourdon, Arthur, commis	224	R	100
Bouthillet, Vve Ulric, née Caroline Lamère	339	N	50

	No	Section	Pieds
Bouthillier, Nathalie..........	528	H	50
Boileau, Nap.......................	597	H	$\frac{1}{2}$56
Boudrias, Joseph, journalier	615	H	56
Bouchard, J.Bte, M.D.....................	68	G	133
Bouthillier, Alexis, cordonnier...........	642	H	56
Boudrias, Louis, journalier	779	H	56
Bregard, Louis, Vve Louis..............	11	H	21
Brousseau, J.Bte, héritiers	65	H	192
Brière, Joseph.....................	138	H	100
Bruneau, Louis C.....................	155	J 2	68
Brunelle, Denise, épouse J. B. Bourgeau	221	J 3	$\frac{1}{2}$196
Brosseau, Edmond, marchand...........	147	F	$\frac{1}{2}$201
Brais, Frs., marchand	7	B	300
Bruneau, Jean, bourgeois..............	53	B	400
Bruneau, Théophile 87–88		B	600
Brazeau, Frs-X., marchand	33	C	300
Bruyère, J.Bte	49	J 3	610
Brosseau, D. C, épicier	110	F	100
Brunet, A., famille et Alf.........23–26		J 2	248
Brunet, D. W. et Jos...............	25	K	550
Brunet, Vve Gilbert...............	326	J 3	50
Brault, Dme C. A...............	696	N	200
Brindamour, Pierre, commerçant..........	324	J 2	50
Brisson, Frs., maçon	9	N	$\frac{1}{2}$225
Brunelle, M. C. Eliza, Vve J. Duhault, Htrs.	193	N	150
Breton, Frs, menuisier	583	N	207
Brodeur, Augustin, commis...............	657	N	50
Brodeur, Samuel, cordonnier	658	N	50
Brunet, L. A., professeur	707	N	64
Brissette, Vve Hyacinthe, née Julie Dumas	821	N	50

	No	Section	Pieds
Brisebois, Jos..	1005	N	64
Brunet, Jos. P., commis........................	360	P	100
Brazeau, Frs-X., carrier	1012	P	½ 200
Brunet, F. X., commis..........................	100	P	138
Brien-Durocher, F. X, commis.............	149	P	50
Brodeur dit Lavigne, Frs......................	211	P	100
Brault, George, gentilhomme..............	458	P	100
Brodeur, Christophe, négociant...........	231	P.	150
Bruchési, Paul, épicier	17	C	200
Brault, J. L., agent d'assurance	692	P	⅓ 200
Bruchert, Geo., restaurateur..................	977	P	½ 112
Brisson, Emerie...................................	1005	P	50
Brazeau, Vve André, née Eliz. Sansouci	1085	P	64
Brochu, Nap., ingénieur.......................	1156	P	50
Brazeau Casimir, messager	305	J 2	100
Brault, Frs.-X., cultivateur...................	1219	P	104
Brosseau, F. X., commis......................	761	P	¼ 147
Brunette, Frs., plombier......................	12	J 1	144
Brunet, Jos., plombier.........................	159	N	½ 150
Brouillet, Chs., manufacturier............	897	N	100
Brien dit Desrochers, Jos., menuisier...	1322	P	167
Brazeau, Zéphirin, boulanger et Brazeau, Olive..	55	T	59
Bricault, Vves Jos. et Frs................	1487	P	50
Brien, Camille et Philéas, épiciers........	424	N	150
Brunet, Alfred et Brunet, teneurs de livres	120	T	400
Brodeur, Azarie, tailleur	108	K	102
Brière, Jos., hôtelier............................	790	P	200
Brouillet, Jos., Révd., prêtre	8	R	284
Brunet, Ovide, boucher........................	6	R	195
Brazeau, Alphonse, marchand	75	R	100

	No	Section	Pieds
Brouillet, J.Bte., entrepreneur...............	32	R	147
Bérubé, Jacques, photographe	136	R	100
Bissonnette, Achille C. A., notaire.......	118	G	$\frac{1}{2}$181
Bissonnette, Ant. Isaïe, employé civil..	118	G	$\frac{1}{2}$181
Blanchard, J., capitaine	151	N	$\frac{1}{2}$200
Blanchard, Eusèbe, Vve...................	1	N	$\frac{1}{2}$210
Blache, famille H............................	12	N	100
Bleau, Jos., ferblantier	103	N	140
Bolduc, Ls., ingénieur......................	182	B	$\frac{1}{3}$200
Bourget, Ignace, tailleur	152	J 3	128
Bourque Henri	93	G	100
Brochu, Délima.	835	P	50
Brodeur, H., Vve.....	72	T	$\frac{1}{2}$2050
Brégard, Chrysologue, Vve Durand.....	1569	P	45
Brault, Vve Alexis, née Decousse	82	F	100
Brunet, Alexis	120	T	48
Brais, Dme Jos., née Sophie Loyer	357	H	100
Brault dit Pominville,Jos., architecte...	270	J 3	100
Bruneau, Ant., née Monique Côté........	120	G	181
Brassard, Veuve Rémi, née Hermine Proulx	1473	P	69
Brosseau, Joseph, marchand	20	R	192
Bréard dit Laroche, Séraphin, fils, cor-donnier	721	H	56
Bréard dit Laroche, Séraphin, père, cor-donnier	720	H.	56
Brabant, Moïse, charretier...................	685	H	56
Brouillet, Vve Théodore, née Béchard...	667	H	56
Busseau, Hyacinthe, marchand.............	8	J 2	108
Busseau, Alphonse, marchand de tabac	35	F	100
Byette, Jean, entrepreneur	124	D	$\frac{1}{2}$111
Balthazar, Marr...........................	208	F	200

	No	Section	Pieds
Bastien, Moïse, constable	51	R	100
Bardet dit Lapierre, Chs., huissier	8	L	200
Brazeau, homme de voûte	56	O	$\frac{1}{4}$204
Bellemare, Raphaël, bourgeois	154	F	200
Beaudry, Jos, marchand tailleur	122	F	200
Berthiaume, Léon, Vve	39	F	200
Benoît, Frs., marchand	225	F	237$\frac{1}{2}$
Beaudry, Moïse, forgeron	2	A	116
Belle, Jos., notaire	15	C	300
Bertrand, J. L., commis	871	P	50
Bartel, Chs., jardinier	257	P	$\frac{1}{2}$300
Bertrand, Delphine., Vve J.Bte Char-	1337	P	50
Bender, Albina, Vve A. S. Cherrier	71	T	53
Bélanger, Vve J. B., née Emilie Derome	90	H	100
Belhumeur, Vve N., née Guenette	732	P	50
Bélanger, Zéphirin, commerçant	154	R	56
Bertrand, Calixte, Vve, née E. Ville-neuve	760	N	50
Bussière, Vve Hubert, née Major	181	P	100
Blais, Alf., marchand	92	G	$\frac{1}{3}$100

C

	No	Section	Pieds
Charpentier, Augustin	58	H	48
Cazelais, J.-Bte	139	B	221
Caya, J.Bte	183	H	48
Carignan, Jos., commerçant	28	J 2	100
Cardinal, Théophile	109	J 2	$\frac{1}{2}$100
Carle, Pierre	181	J 3	100
Clément, Vve George	351	N	50
Charlebois, Adolphe	1017	P	50
Chartier, Jos. F., briquetteur	627	N	100
Claude, Alexandre	8	N	$\frac{1}{2}$252

	No	Section	Pieds
Coutu, C. et H............	245	J 2	157
Contant, Pierre, tabaconiste..............	259	P	252
Coutlée, J. D., commis-marchand........	·132	B	105
Contant, J. E............................	1214	P	58
Contant, Vve Frs. N. Gown	81	J 1	200
Coutlée, J. N., notaire	17	R	200
Crevier, Frs.-Xavier, ferblantier	163	J 2	100
Carle, Louis	182	J 3	100
Caron, Calixte............	125	F	$\frac{1}{2}$200
Cadoret, Jos. et Jérémie, ferblantiers...	157	F	200
Carle, Cath., Vve J. Burns	209	F	50
Caron, Pierre, tailleur de pierre..........	59	F	$\frac{1}{2}$100
Caya, Héloïse, Vve J. Duguay............	3	X	150
Cssidy, Frs., avocat............	5	C	300
Cartier, Sir Geo. Etienne, Baronnet.......	1	O	706
Cassant, Vital et Edouard.................	14	D	$\frac{2}{3}$200
Carrière, Jos., sellier	43	J 2	150
Castonguay, héritiers J.Bte...............	290	J 3	100
Cardinal, Laurent, Vve	255	J 3	$\frac{1}{2}$100
Catelli, Chs., statuaire...................	94	N	50
Castonguay, Ernest...........................	208	N	50
Casavant, Pierre...........................	585	N	200
Carrière, Louis, menuisier.................	597	N	$\frac{1}{2}$200
Caron, F. X., couvreur.....................	612	N	$\frac{1}{2}$200
Cazelet, Amable, Vve, née E. Leclaire	741	N	100
Caron, Jos., facteur d'orgues	594	N	200
Caron, Félix, insp. au Télég...............	733	N	$\frac{1}{2}$100
Camyré, Agustin, charretier..................	704	N	50
Cadieux, Célina, Vve Jos. Tessier........	865	N	65
Cassidy, Martin, épicier....................	1006	N	76
Cartier, Jos., manufacturier	1082	N	100
Casgrain, Alfred................................	6	Z	24

	No	Section	Pieds
Cavalo, Pierre, commerçant	1061	N	100
Cadieux, Octavie, Vve J. Lenoir-Rolland	30	P	64
Chapleau, Hon. J. A., Secrétaire d'Etat	64	C	400
Cadieux, Louis, commis........................	925	P	101
Cadieux, L. A., commis	1158	N	250
Cadieux, George, boucher....................	800	P	100
Castonguay, F. X., employé civil........	1012	P	100
Cartier, Onésime, manufacturier..........	909	N	½ 50
Carignan, David, marchand de bois ...	90	B	300
Carmel, Adjuteur, imprimeur..............	1311	P	262
Cantin, Désiré, forgeron.....................	395	H	80
Cazeaux, Révd père, S.J......................	1249	P	50
Cadieux, H. C., marchand libraire.......	10	A	200
Cantin, J.Cte, cordonnier	1264	P	50
Caron, Jos. Adélard, épicier..............	1278	P	50
Caron, Philibert, épicier....................	1341	P	50
Cabana, Edouard, manufacturier..........1332 et 1333		P	½ 108
Cadieux, Chs., barbier	1286	F	50
Cadotte, Chs., cordonnier	1349	P	92
Carrière, Angèle..............................	1382	P	50
Carli, Alexandre, sculpteur................	1550	P	50
Cardinal, Henri, typographe..............	1490	P	½ 102
Castonguay, Théodore, hôtelier..........	25½	C	114
Cartier, Théophile, emballeur..............	190	K	82
Cadotte, Modeste et Jacques Elie.........	772	P	150
Carrière, Louis, relieur	218	R	56
Caselais, Chs.; Alphonsine Marguerite ; Mathilde et Marie Louise.........	53	R	1/25 100
Cantin, J.Bte, maçon	171	R	96
Caouette, Herménégilde, briquetteur...	621	H	56
Campeau, F. J., menuisier....................	80	G	100

	No	Section	Pieds
Cavalier, Blaise..........................	607	H	56
Cadieux, Magloire, charretier.................	57	G	100
Cazelais, Vve Jos., née C. Major.........	751	H	56
Caisse, Daniel, médecin	88	G	100
Cérat, Pierre...............................	364	H	100
Céré, Wm...............................	321	J 2	½ 100
Cercle national français	1203	N	100
Cérat, Jos., tailleur de pierre	613	H	56
Chaussé, Narcisse........................	175	H	100
Chaput, Salomon	207	H	64
Chayer, Benjamin........................	332	H	64
Charbonneau, Chs........................	411	H	88
Charbonneau, Louis......................	491	H	100
Chennevert, J.Bte........................	63	J 1	½ 204
Charrette, Pierre, forgeron	126	J 3	100
Chef dit Vadeboncœur, F. X...............	84	J 3	½ 216
Charlebois, Pierre.........................	98	J 3	½ 216
Charland, Chs............................	197	J 3	100
Charbonneau, F. C. et L. H...............	82	J 3	306
Charest, Samuel..........................	176	J 3	100
Chalifoux, Alfred, tailleur...............	140	F	100
Charbonneau, F. X., bourgeois	50	F	200
Chabot, Louis, forgeron....................	38	F	200
Champeau, Louis, menuisier...............	197	F	200
Cherrier, Côme S., avocat	53	J 3	300
Charrette, E............................	257	J 2	100
Charrette, Magloire	258	J 2	64
Chapleau, Godefroi	272	J 2	100
Christin, Jos., marchand	6	S	166
Charest, Delle Marie Anne................	357	J 2	100
Charbonneau, Delle Catherine...........	90	J 1	½ 100
Charpentier, Jos., rentier..................	61	F	100

	No	Section	Pieds
Choquet, Dame J. B.	285	J 3	50
Charlebois, Alphonse, épicier	75	J 1	210
Charlebois, B. H., M.D.	29	C	300
Chevalier, famille	13	N	100
Chartier, Julien, parfumeur	32	N	100
Chartrand, Raymond et J.Bte	83 et 84	N	$\frac{2}{3}$ 208
Christin, Geo., manuf. de soda	200	N	$\frac{1}{2}$ 143
Chaussé, Octave, entrepreneur	413	N	50
Chartrand, Damase, peintre	251	N	50
Charbonneau, Louis, journalier	591	N	$\frac{1}{2}$ 200
Choquet, Wm;, mouleur	346	N	50
Cherrier, George H., succession	89	E	145
Charbonneau, Frs, cordonnier	357	N	100
Chaput, Vve C. O., née Anna Richer	680	N	50
Chapdelaine, Alexis, cordonnier	825	N	64
Charbonneau, Alexandre, cordonnier	950	N	64
Champagne, Frs, menuisier	951	N	$\frac{1}{2}$ 90
Chanteloup, Ernest, machiniste	21	E	104
Charlebois, Pierre et Isidore	415	N	$\frac{2}{3}$ 178
Chartrand, Pierre, menuisier	530	P	200
Chabot, Ant., menuisier	89	P	50
Chabot, Joseph, menuisier	27	P	108
Chartrand, Amédée, menuisier	290	P	58
Chapeleau, Zéphirin, libraire	350	P	$\frac{1}{2}$ 100
Charest, Agapit, épicier	345	P	100
Chartrand, Victor, menuisier	289	P	50
Cholette, J. C., teneur de livres	357	P	100
Champeau, Delle A. D.	350	P	$\frac{1}{3}$ 100
Charrette, F. X., forgeron	195	N	$\frac{1}{2}$ 186
Chabot, Adolphe, cordonnier	103	P	100
Champagne, F. X., journalier	939	N	50
Charbonneau, Hyacinthe, menuisier	236	P	$\frac{1}{2}$ 200

	No	Section	Pieds
Chartrand, Flavie, Vve J. B. Picard ...	555	P	50
Chartrand, Ferd., menuisier..............	12	U	100
Chartrand, Hubert........................	737	P	50
Chamberland, N., M.D...................	742	P	50
Chaput, Ludger, marchand de fleur.....	579	P	165
Charlebois, Adolphe, cordonnier.........	1017	P	50
Charbonneau, Noël.....................	1039	P	$\frac{1}{2}$100
Charpentier, Théod., plombier...........	285	H	100
Champagne, R. B., chapelier	152	B	$\frac{1}{2}$100
Charbonneau, Louis, fact. d'orgues.....	102	B	101
Chevrier, M. J. D., Révd, Ptre S.S........	154	B	80
Chamberland, J. O., teneur de livres...	1152	P	50
Charbonneau, Nap., avocat...............	49	O	$\frac{1}{2}$232
Charbonneau, M. J., ingénieur civil.....	49	O	$\frac{1}{2}$232
Charlebois, Chs Théop., peintre, et			
Charlebois, Romuald, marcd.-tailleur	37	O	$\frac{1}{2}$128
Charbonneau, Jos. Geo., et Vve Char-			
bonneau, Jos.......................	238	P	200
Chaumette, Louis, maître charretier ...	1288	P	50
Chartrand, Raphaël, constable...........	1297	P	50
Chevalier, Jos., marchand...............	532	P	$\frac{1}{2}$200
Chaput, Jos., boucher...................	1364	P	68
Chapleau, Rodrigue, menuisier	1127	P	$\frac{1}{2}$98
Chartrand, Paul, maçon.................	1492	P	102
Chef dit Vadeboncœur, Vve J.Bte, née			
Leclair	428$\frac{1}{2}$	P	142
Charbonneau, Vve J.Bte, née Bertrand	1537	P	50
Cherrier, Vve Trefflé, née Albina Bender	71	T	53
Charlebois, Vve C., née M. Slicer........	72	J 2	62
Chartier, Jos. et Francis, briqueteurs...	627	N	100
Charbonneau, J.Bte, menuisier	99	D	$\frac{1}{2}$306

	No	Section	Pieds
Charlebois, J. O., pharmacien	498	P	100
Chapeleau, Narcisse..........................	149	K	64
Chaput, Ferd., cuisinier....................	1434	P	50
Chartrand, Jos., contre-maître...........	1435	P	½90
Charest, Auguste, pompier...............	254	J 2	48
Chaput, O., entrep. de pomp. funèbres..	37	R	½306
Champagne, E. O..............................	133	R	100
Cherrier, Adolphe, député greffier C. de Circuit	19	R	200
Christin Jos. et Alphonse..................	122	T	570
Chouinard, Théop., journalier	653	H	56
Charland, Ovila, cordonnier..............	59	G	100
Chaussé, Chs, architecte...................	31	X	½355
Chaussé, Edouard, commerçant...	97	G	100
Charbonneau, Vve Onésime, née Joséphine Galipeaud	604	H	56
Charlebois, Jos. H., confiseur............	610	H	56
Charrette, Jos. H., commerçant..........	23	G	200
Champagne, Ephrem..........................	51	G	100
Cinq-Mars, Pierre, marchand	17	F	200
Cinq-Mars, Ephrem et Andronic	811	P	½100
Circé, Narcisse, marchand-tailleur	396	P	½108
Clément dit Abraham, L., carrossier ...	22	J 1	450
Cloutier, Séraphin	44	J 2	124
Clément, Françoise, couturière	184	F	50
Clément, Grégoire, tabaconiste...........	5	E	200
Clément, Ludger, meublier.................	334	N	64
Clavelle, Vve Jean, née Marguerite White	314	J 2	½100
Clément dit Isidore L., charpentier......	781	N	½200
Clavette, Chs, ferblantier	12	P	50
Clavelle, Elmire, Vve J. McDonough...	878	N	150

	No	Section	Pieds
Claude, Pierre	6	A	$\frac{1}{2}$300
Cloutier, Hormisdas, hôtelier..............	58	P	200
Clavel, Pascal, navigateur.	193	R	51
Côté, Césaire	354	H	64
Corriveau, Jos............................	430	H	100
Coursol, T. G., héritiers.................	15	J 1	289
Corbeil, Jos..............................	32	J 2	124
Connaissant, Vve Jos......................	54	J 2	150
Corriveau, David	164	J 2	144
Contant, Dominique, boucher..............	185	J 3	$\frac{1}{2}$200
Cotté, Pierre et Honoré	54	J 3	$\frac{2}{3}$280
Cotret, René, L. D........................	14	C	150
Corbeil, Jos..............................	26	D	$\frac{1}{2}$262
Coderre, Emery, médecin...................	152	F	200
Comte, Jos. Louis, tailleur de pierre ...	59	F	100
Comte, L. P. Benj. et Joseph	40	B	649
Coutu, F. X. A............................	158	J 1	320
Cousineau, Vital, brasseur................	101	N	$\frac{1}{3}$200
Couvrette, Alp., bourreur	157	N	950
Courval, Eug., menuisier..................	592	N	200
Cotret, René, emp. de Cour...............	844	N	$^1\!/_5$100
Cousineau, Ludger, menuisier	759	N	50
Courcelles, Vve Rémi, née Marguerite Dufresne...............................	894	N	100
Corbeil, Chs, commerçant	1028	N	100
Coutlée, J. N., N.P.......................	1135	N	100
Comte de Chalut, Vve Charles.............	57	P	192
Constantineau, Géd., ferblantier........	776	N	$\frac{1}{2}$200
Côté, Isaïe, menuisier	564	P	$\frac{1}{2}$100
Corbeil, Paul, épicier	645	P	124
Courtemanche, Eléonore, Vve P. Major	1126	N	50
Collard, S. M.............................	99	P	100

	No	Section	Pieds
Contant, Ludger, boucher..................	765	P	60
Collerette dit Bourguignon, Ferdinand	714	P	½ 100
Couillard, Auguste, marchand de fer...	44	E	150
Cousineau, Vve Thomas..................	771	P	64
Courville, Godefroi, boucher	825	P	100
Contant, Chs, détective.................	930	P	98
Corsin, Alexis, charpentier...............	958	P	54
Colleret dit Bourguignon, Vve Vnie., née Eliz. Linea..................	940	P	100
Coté, Jos. Michel	745	P	114
Cousineau, Louis	188	P	½ 132
Congrégation des Hommes de Ville-Marie	64	O Xe stat.	1100
Congrégation des Dames de la Sainte-Famille..................	15	O XIIe stat.	1000
Courtemanche, Olivier, marchand	90	E	115
Coutu, L. H., Vigneron	187	B	214
Couture, Daniel, charretier................	1118	P	½ 100
Couturier, Narcisse et Léop., commis...	761	P	¼ 147
Contant, Jos..................	1215 et 1214	P	58 et 50
Courcelles, Edgar..................	59 et 61	D	½ 300
Courville, Alfred, manuf.................	1276	P	50
Coitou St-Jean, Théop., commerçant...	699	P	200
Courteau, Julien, menuisier	1308	P	74
Collin, Nap., épicier..................	30	T	½ 152
Courville, Délima..................	1045	P	53
Contant, Alphonse..................	184	J 3	200
Contant, Dme François, née Mary Gunn, héritiers Gunn..................	80	J 1	200
Couillard, J. Bte, marchand.................	39	C	½ 938
Comte, L. J. A. et J. H. A. Damase.....163 et 164		T	500
Coté, N. J. et J. A., marchands..........	528	P	195

	No	Section	Pieds
Corbin, François, menuisier	1127	P	½98
Courtois, Marie	1553	P	71
Courteau, Olivier, tailleur de pierre.....	1421	P	100
Courval, Toussaint, journalier...........	1513	P	50
Courtois, Louis, boulanger..	1574	P	84
Coallier, Pierre Ant., commerçant	178	K	85
Coallier, Auguste, menuisier	196	K	50
Corbeil, Nap., boucher	129	K	102
Couville, Abraham, emp. au Télégrap..	219	F	½50
Côté, Chs, comptable	355	J 3	128
Couture, Louis, commerçant	63	D	50
Coutu, Séraphın, menuisier..............	70	R	54
Coté, Gaspard, marchand de fruits......	1070	N	346
Coallier, J.Bte, employé civil	31	R	177
Corbeil, Jos., tailleur de pierre...........	154	R	56
Corbeil, Ovila, manufacturier..............	55	G	133
Cousineau, Chs, barbier....................	1071	P	72
Corbin, Pierre, menuisier..............	633	H	56
Crevier, Louis	64	J 1	½204
Crevier, Toussaint,..................	115	J 1	100
Croteau, André, cordonnier	111	J 1	100
Crevıer, Ls C., confiseur	490	N	64
Croteau, Nap., manchonnier..............	769	N	205
Croze, Ls, épicier	1177	N	124
Crevier, Ant., boucher	312	P	100
Crevier, F. X., ferblantier	163	J 2	100
Crevier, Ls Célestin, cond. de malle ...	491	N	58
Crépeau, Frs, colporteur..................	791	P	200
Crevier, Jos., mécanicien	68	G	100
Cuvillier, Maurice..............................	9	K	400
Cusson, Frs.................................	244	F	½200
Cypihot, Théodule..............................	45	B	680

	No	Section	Pieds
Cusson, Alexis, marchand	23	U	200
Cusson, Léandre, commis	1005	N	54
Cusson, Athanase, voiturier	324	P	½ 200
Cyr, Frs Tref., relieur	374	P	50
Cusson, Maurice, porter	310	P	100
Cusson, Vve Dosithée et P. M. Lapierre	111	B	½ 80
Cusson, Jos., charpentier	179	J 3	100
Cusson, famille	369	J 3	64
Cypihot, Ferd., commis	77	J 1	½ 210
Capbert, Emile, teneur de livres	318	N	50
Cater, Philomène	886	P	50
Courville, Godefroi, boucher	825	P	100
Cadieux, H. C., libraire	10	A	50
Cabana, Edmond, manufacturier	1332	P	½ 108
Carmel, Adj., imprimeur	1131	P	262
Carrière, Vve, née Moncel	102	J 1	50
Caron, Vve Jos, née Billette	153	J 2	24
Cadieux, L. A.	1158	N	250
Chaussé, Jos., menuisier	503	N	100
Chartrand, A.	836	P	50
Charlebois, A.	1017	P	50
Chaput, L., bourgeois	111	T	½ 600
Chaput, Chs; négociant	111	T	½ 600
Charpentier, N., avocat	53	N	50
Cheval dit St-Jacques, Jacques	941	N	200
Charbonneau, Mag., Vve, née Léonard	52	P	200
Champeau, Delle Brigide	350	P	100
Crépeau, Frs, colporteur	791	P	200

D

	No	Section	Pieds
Daoust, Barthélemy	124	H	56
Dazé, Pierre	275	H	½ 100
David, Ferd..	55	J 2	144
Dagenais, J. C	57	J 2	132
Dagenais, Adolphe	58	J 2	132
Damour, Alfred	119	D	106
Daunais, Clément et Cléop., épiciers	96	J 1	210
David, Guillaume, agent	34½	J 1	250
Darpentigny, Pierre	387	J 3	½ 258
David, Hilaire, succession	301	N	100
Dagenais, Joseph	876	P	½ 162
Delcourt, Jos., forgeron	403	N	⅓ 173
Dansereau, Arthur, journaliste	68	C	450
Daoust, famille Ant	599	N	200
Darobis, Michel	259	J 2	64
Desmaison, Napoléon, hôtelier	48	T	49
Desmarteau, Philéas, chapelier	1343	P	100
Delâge, Delle Philomène	1396	P	50
Deslongchamps, Ls, bourgeois	330	J 3	50
Dagenais, Adolphe	58	J 2	132
David, Joseph	64	J 2	100
Dambourgès, C. H. S., relieur	193	N	150
Dorval, Dme J. F., née Champeau	350	P	100
Dansereau, J. Chs, médecin	347	N	100
Désautels, Pierre, menuisier	415	H	100
Depocas, Ls. et Auguste, marchands	1013	N	200
Deslongchamps, Aldéric et Vve Jos	7	K	500
Dandurand, Œdipe	299	J 2	100
Dagenais, Ubalde, Vve, née M. Defoy	108	J 2	100
Dagenais, Basile, bourgeois	240	P	184
Dansereau, Dr	333	J 2	64

	No	Section	Pieds
Dalbec, Alfred, avocat......................	373	P	50
David, Louis, maçon	535	P	110
Daoust, Maurice, famille...................	779	N	200
Dames de l'Hôtel-Dieu......................	332	N	50
Daoust, J.Bte A., emp. civil	523	P	½200
David, Vve Louis, née Mélina Boyer.....	704	P	50
David, Basile	775	P	50
David, Pierre, fils, comptable	913	P	50
Dansereau, Jean, bourgeois..................	865	P	50
David, Magloire, entrepreneur menuisier	60	P	200
Dabien, Thomas..............................	987	P	50
Dalpé, dit Pariseau, Louis	988	P	50
Daniel, Chs, journalier......................	870	P	101
Dânis, Victor, régleur	1170	P	50
Daragon, Hubert, yard master............	1174	P	50
Daza, Alphonse, peintre....................	891	P	½90
Dagenais, Jos., boucher....................	876	P	102
Dubois, Vve E. A., née Josette Beaudry.	45	D	200
Dansereau, Pierre, entrep. maçon........	1511	P	½109
Dallaire, Gust., serre-frein.................	574	P	94
David, Frs, journalier.......................	214	K	50
Daniel, W. F., imprimeur..................	104	K	100
David, Etienne, agriculteur	785	N	135
Dagenais, Léon, boulanger................	353	P	⅓131
Dansereau, Pierre, marchand de fer......	13	K	1122
Damphouse, Jos. Ed, commerçant	71	R	100
David, Augustin, machiniste	113	R	100
Dauphinais, Olivier, marchand............	39	G	100
Daunais, Jos., jr., commis.................	643	H	56
Dazé, Jos., menuisier.......................	684	H	56
David, L. O., M.P.P........................	218	K	170
Dérome, Emilie, Vve J.Bte, boulanger..	83	H	100

	No	Section	Pieds
Demers, Dme, Vve Louis	211	H	112
Désautels, F. X.	444	H	100
Desève, Hyacinthe	492	H	33
Desnoyers, Lambert	19	J 1	$\frac{1}{3}$ 289
Desnoyers, Augustin et Toussaint	29	J 2	124
Despaty, Etienne	81	J 2	92
Demers, Louis	111	J 2	100
Denault, Adolphe	120	J 2	100
Derome, Dominique, journaliste	131	J 2	50
Descary, Frs	94 et 95	J 3	$\frac{1}{3}$ 450
Deschambault, Guillaume	126	J 3	100
Désautels, Michel	223	J 3	204
Désautels, Jacques, héritiers	99	C	484
Delorme, Pierre	6	E	200
Desrochers, Chs	133	F	$\frac{1}{2}$ 100
Decousse, Christine, Vve A. Brault	82	F	100
Désautels, Théod. et Frs, héritiers	182	F	200
Deguise, Michel, maçon	231	F	$\frac{1}{2}$ 200
Désautels, Jos., héritier	126	F	100
Deslauriers, Louis et F. X.	77	B	256
Descary, Jérémie, cultivateur	12	C	300
Desève, Alexandre	30	B	300
Demers, Edouard	38	C	220
Demers, Maxime, marchand	71	J 1	$\frac{1}{2}$ 312
Desrochers, Wilfrid et Napoléon, Dettmers, F. C.	153	J 3	152
Desmarteau, N. B., marchand	9 et 11	B	800
Desroches, J. B., tabaconiste	31	B	500
Demers, L. O., commis	91	J 1	100
Desrochers, F. B., marchand	150	J 1	100
Deslauriers, Joachim	129	J 1	50
Delisle, Vve Benjamin	22	K	650

	No	Section	Pieds
Desroches, Benj	74	E	210
Desjardins, Jean A., M. D	73	C	500
Desjardins, Arthur, avocat	74	C	400
DeBleury, C. S	15	N	100
Delvecchio, Thomas, succession	126	J 1	100
Desbarats, famille	94	C	1000
Demers, Auguste, commerçant	56	N	100
Defoy, Edm. et Achille	206	N	114
Demers, Bénoni, boucher	300	N	100
Desroches, Maurice, peintre	55	N	100
Desroches, P. B., tailleur	247	N	50
Deguise, Frs, entrepreneur	227	H	100
Desmarteau, Chs, marchand	80	E	195
DeAngelis, Gaëtano, musicien	114	N	89
DeTonnancour, Louis C., tailleur	7½	L	166
Demers, George, boucher	13	L	300
Deschatelets, Pierre, charretier	596	N	200
Dubrûle, André, hôtelier	542	N	181
Desnoyers, Michel, charpentier	582	N	157
Demers, Pierre, marchand	171	N	217
Desroches, Alf., orfèvre	715	N	50
Desjardins, Geo., boucher	844	N	1/5 100
Descary, Gervais, plâtrier	841	N	64
Désautels, André, commis	75	B	120
Desjardins, Alphonse, épicier	805	N	1/5 100
DeLorimier, P. C. et C. C., avocats	83	E	195
Deschamps, J. B., saucissier	574	N	¼ 250
Desvoyaux dit Laframboise, Etienne	902	N	½ 100
Descary, Prosper, commerçant	692	N	78
Delisle, Silfrid, épicier	1053	N	50
Dépocas Ls et C. A., marchands	1013	N	200
Desroches, Louis V., G. T. R	1086	N	92

	No	Section	Pieds
Desmarais, Louis, photographe............	1104	N	54
Delorme, Paul, charretier...................	1112	N	50
DeFontenay G., industriel..................	1129	N	50
DeLadurantaye, H. M., carrossier........	1063	N	100
Descary, Gabriel, cultivateur.............	1164	N	102
Desmarchais, Frs et Augustin.............	1197	N	100
Deslauriers, Rose de Lima.................	1059	N	64
Deslongchamps, J. B., cordonnier........	117	P	50
Desparois, Félix, menuisier	127	P	50
DeLadurantaye, Elzéar, cordonnier.....	194	P	50
Descary, Toussaint, menuisier	476	H	100
Deschamps, Aldéric et Vve Jos...........	7	K	500
Desforges dit St-Maurice, J.Bte	279	P	50
Denis, Louis Napoléon, marchand.......	236	P	½ 200
Desroches, Amable, serre-frein...........	804	N	84
Delorme, Siméon, marchand..............	313	N	104
Derome, Alphonse, imprimeur	441	P	50
Delisle, Auguste, emp. à la Cour........	501	P	50
Descary, J. B. et Marcel, familles........	524	P	200
Delorimier, S. A., commis.................	570	P	80
DeTonnancour, Vve Guillaume...........	457	P	50
Descary, Marguerite.......................	616	P	50
Desrouard dit Villemaire,Vve Louis.....	520	P	173
Desrochers, Edouard, marchand, et Desnoyers, Vve Magloire	11	F	200
Desrivières, McGill, succession............	157	J 1	153
DeChantal, Louis...........................	34	J 2	100
Deblois, O. et Alf...........................	20	L	½ 408
DeBeaujeu, famille	37	N	100
Desjardins, Adélaïde, Vve B. Roch......	19	P	50
Demers, Vitaline...........................	490	P	50
Desforges, Anatole, agent Cie Richelieu	789	P	½ 150

	No	Section	Pieds
Dequoy, Révd, curé..................	747	P	50
DeLahaie, Benjamin, orfèvre..............	830	P	50
Delvecchio, Pierre Aug................1208 et 1209		N 100 &100	
Derome, Léon, boucher..................	722	P	100
Denis, Arthur, emp. de poste.............	895	P	100
Delorimier, P. Emile, médecin...........	1084	P	109
Deslauriers, J.Bte..................	199	J 3	100
DeMontigny, B. A. T., avocat...........	2	O	436
Desjardins, Magloire, avocat..............	998	T	50
Desparrois, Magloire, charpentier........	134	P	64
Deguire, Michel, menuisier.............	1037	P	74
Désormeaux, Damase..................	133	B	61
Deguire, Antoine, gentilhomme..........	991	P	133
Derome, N., chapelier..................	150	B	100
Deschamps, Dme Vve, née Julie Prud-			
homme..................	50½	B	75
Deschamps, J. H., contremaître...........	50¾	B 75 et 180	
Dequoy, F. X. U., gardien..................	389	N	50
Deslauriers, Adeline, Vve Théodoret ...	89	B	150
Dériger, Vve Salomon, née Mathilde			
Lalande..................	1158	P	66
Desève, J.Bte, boulanger..............	174	B	80
Deneau, Louis, marchand..................	1043	P	68
Delorimier, E. N., bourgeois..............	104	T	1000
Desmaisons, Nap., hôtelier..............	48	T	49
Desmarteau, Philéas, chapelier...........	1343	P	100
Décarie, A. C., N. P..................	11	A	150
Décarie, Placide, bijoutier..............	11½	A	150
Décarie, Roch, forgeron..................	12	A	150
Desjardins, André..................	1400	P	50
Delorme, Hyacinthe, boucher..............	665	P	278
Desrosiers, Pierre, peintre..............	1335	P	96

	No	Section	Pieds
Delâge, Philomène........................	1396	P	50
Désautels, Adolphe, forgeron.............	731	N	100
Désormeaux, Frs, hôtelier	1408	P.	½ 189
Deslongchamps, Ls, bourgeois...........	330	J 3	50
Desjardins, Delphis, tailleur..............	428	P	71
Deneault, Jos., emp. au G. T. R	1443	P	50
DeGrandmont, H. O., typographe........	1566	P	52
Desforges, Pierre, teneur de livres........	123	D	120
Demers, Etienne, bourgeois.............. 1430 et 1431		P	50 et 58
Descary, D. Xavier, jardinier..............	49	D	210
Desjardins, Chs, chapelier.................	53	O	143
Daragon, Sylvani	219	F	½ 50
Delorme, Vve Jos, née Cordélia Le-bœuf dit Laflamme........................	5	T	303
Deschamps, Nap.,march. de chaussures.	730	P	100
Décarie, Benj., agriculteur.................	25	C	½ 300
Dézy, Ludger, peintre....................	353	P	⅓ 131
Demers, Olivier, cocher....................	529	N	57
Désautels, Wm O., ingénieur..............	37	R	½ 306
Décarie, Augustin, manufacturier	18	R	240
Desrosiers, H. E., écr M. D..............	419	O	219
Desrosiers, Vve Gilbert....................	217	R	56
Desormiers, Philéas, épicier..............	96	R	100
Desjardins, F. X., encanteur..............	85	R	100
Desjardins, Louis, marchand..............	91	R	100
Desjardins, Paul, marchand..............	92	R	100
Deschambault, Alf., marchand...........	922½	N	160
Desmarais, L. E., photographe	61	G	100
Desjardins, Célina et Vve Aug. Martin	21	G	½ 213
Deserres, Gaspard, comptable	23	R	199
Demers, Alphonse, manufacturier........	79	G	133
Desjardins, Joseph, peintre ....722 et 723		H	120

	No	Section	Pieds
Delorme, Euphrosine, Célina, Rose-de-Lima	71	G	100
Derome, Olivier, boucher	114	G	133
Delisle, J. A. M., charpentier	331	H	81
Déchesne, Charles, tailleur de pierre	99	G	$\frac{1}{3}$ 100
Décarie, Adolphe, commis	81	G	100
Desjardins, Joseph, boucher	73	G	100
Delcourt, Edm., journalier	91	N	50
Dion, Joseph, professeur de billard	309	P	114
Dion, Honoré, marchand	168	R	56
Dion, Louis Alfred et Hélène Sara	644	H	56
Doré, Amable, épicier	222	J 3	222
Dorion, Sir A. A. et W. A	22 et 23	F	417
Doutre, Joseph A. et Gonzalve	61	B	470
Doucet, Théodore, notaire	19	· B	300
Dorval, Médéric, marchand	304	J 3	100
Dorval, Joseph H., marchand	70	J 1	$\frac{1}{2}$ 312$\frac{1}{2}$
Dorval, Joséphine, institutrice	326	N	100
Doré, Moïse, commerçant	799	N	87
Doré, J. Hilaire, marchand	903	N	100
Dozois, Edouard, boulanger	148	N	$\frac{1}{2}$ 216
Dorais, Alphonse, marchand	416	P	50
Dorion, H., conducteur G. T. R	810	P	50
Dorval, Joseph, pilote	18	F	$\frac{1}{2}$ 200
Doin, Armand, chapelier	667	P	$\frac{1}{2}$ 288
Doucet, Vve Jos., née Phil. Desmarchais	67	T	53
Doré, Hilaire	1382	P	50
Dozois, J. Léon, comptable	51	B	$\frac{1}{3}$ 300
Doré, Vve Amable, née Euphrosine Lafleur	792	N	61
Dodet-d'Orsonnens, Thos Edm., M.D	227	J 3	203
Drolet, M. J. E., prof. de musique	234	O	200

	No	Section	Pieds
Drouin, Octave, menuisier..............	1130	N	50
Drapeau, Fabien et Jean-Baptiste	1150	N	241
Drolet, G. A., avocat........................	21	L	$\frac{1}{2}$535
Drolet, Pierre, relieur	201	R	100
Dravigni, Gustave.......................	893	N	64
Dufresne, Philippe, bourgeois............	51	N	49
Ducasse, Alexis..........................	129	H	40
Dubois, Edouard........................	197	H	100
Dufort, Denis, Vve, née J. Deslauriers..	329	H	100
Duclos, Pierre	338	H	$\frac{1}{2}$100
Dubé, Fabien	398	H	$\frac{1}{2}$100
Dubois, Angél., épouse de Ls Peltier ...	541	H	50
Dufresne, Thomas........................	60	J 1	204
Dubé, Pierre............................	104	J 2	$\frac{1}{2}$100
Durocher, Sophie, Vve McIrven..........	208	J 3	72
Dufresne, L. A. et C. A......	91	J 3	351
Dufresne, Salem	149	J 3	100
Dupont, Dominique, marchand	28	D	195
Durocher, Thomas, Vve et héritiers......	43	D	200
Dubord, Alexis et Alfred	8 et 9	F	450
Dufault dit Lamarche, Guillaume........	81	F	100
Dupras, Calixte, marchand.................178 et 180		F	200
Dupras, Angèle, Vve M. Morrissette ...	199	F	100
Dufresne, Ovide, marchand..............	166	F	100
Dufort, E. B., marchand...............	13	B	300
Dumas, Norbert, avocat	23	B	600
Duchesneau, Herménégilde, bourgeois..	18	B	$\frac{1}{3}$300
Duvernay, L. N., gentilhomme..........	63	C	400
Dufault, Joseph, gentilhomme	35	C	300
Duhamel, J.Bte	266	J 2	114
Duhamel, J. N...........................	5	L	200
Durand, H. A............................	211	F	100

	No	Section	Pieds
Dupuis, Pierre, tabaconiste	372	J 2	100
Dupuis, J.Bte, commerçant	143	J 1	50
Dupile, Napoléon, commerçant	238	J 3	50
Dumesnil, J.Bte, marchand	150	J 2	100
Duverger, L. N., marchand	70	J 1	$\frac{1}{2}$312
Dupuis, P. F., commis	73	J 1	300
Duclos, Hiram, hôtelier	243	J 2	313
Dupuis, E. M., marchand..................	86	E	$\frac{1}{2}$250
Ducharme, George, menuisier.............	51	N	100
Dubois, Ludger, cordonnier...............	350	N	50
Dupuis, Joseph	99	C	484
Dubois, Hector, barbier....................	342	J 3	$\frac{1}{2}$50
Dumond, J.Bte, entrep.-menuisier	127	E	$\frac{1}{3}$225
Duval, Horace, tailleur.....................	606	N	192
Duclos, Amédée, entrepreneur	684	N	112
Dumaine, C. A...............................	356	N	100
Dufresne, Amédée, bourgeois	579	N	280
Dufour dit Latour, Elie et Médard ... ⎫ Dufour dit Latour, Sévère et Ephrem ⎬ et M... ⎭	805	N	100
Duverger, J.Bte, emp. au Recorder	452	H	63
Dumouchel, L. N., notaire.................	68	J 1	300
Dugas, Adolphe, M.D......................	572	N	$\frac{1}{2}$230
Dugas, C. A., avocat.......................	572	N	$\frac{1}{2}$230
Dufort, Denis, entrepreneur-maçon......	169	N	315
Dumouchel, Léandre et Cyprien	613	N	200
Dumouchel, Camille, assistant-clerc ...	944	N	60
Dufresne, François Rodolphe............ ⎫ Dufresne, Omer............................. ⎬ Dufresne, M. Egérie, épse Ths Moore ⎭	90	D	3$\frac{2}{5}$ 200
Durocher, Narcisse, commerçant.........	714	N	$\frac{1}{2}$92
Dupuis, Vve J. N., commerçant...........	1017	N	298

	No	Section	Pieds
Dupras, Delle........................	1055	N	½ 64
Duquet, Pierre, ingénieur...........	1141	N	50
Duclos, Michel, menuisier	1202	N	100
Dubuc, Arthur, entrepreneur	1153	N	230
Durand, Joseph, boulanger................	164	H	48
Dudevoir, Léonard, tailleur de cuir......	1124	N	½ 200
Dubrule, Vve Joachim, née M. L. De-pelteau	776	N	½ 200
Dubois, William, commerçant	1165	N.	½ 200
Dupras, Cyrille, menuisier................	313	P	100
Duclos, Jérémie, menuisier	562	P	100
Duguay, Moïse, cordonnier	151	N	½ 200
Dumont, Amable, menuisier..............	539	P	64
Dugas dit Labrèche, ingénieur...........	124	D	½ 111
Dufresne, J. M., épicier.	29	A	279
Durand, F. J., notaire public..............	29	L	222
Dupré, Joseph, expéditeur..................	802	P	50
Dufresne, Firmin, Vve.....................	803	P	100
Dufresne, J. B. R., horloger	97	K	200
Dufresne, Amable.......................	588	P	200
Dubois, Jean, cloutier....................	131	B	62
Dufort, Vve J. B., née Celanire Laporte..	460	T	650
Duhamel, Joseph, avocat..................	63	B	412
Dupras, Louis, boucher	720	P	84
Dubreuil, Charles, menuisier	307	J 2	50
Duperrouzel Aubin, restaurateur.........	235	O	100
Dubé, T. H., briqueteur	1172	P	50
Dufresne, Emélie........................	1064	P	100
Dubois, J. B., fils, tailleur................	1205	P	½ 72
Duclos, Robert, marchand.................	695	P	200
Dubois, J.Bte, barbier	396	P	108
Dubreuil, Honoré, menuisier..............	24	T	½ 256

	No	Section	Pieds
Dubreuil, Ulric, tailleur	24	T	½ 256
Dubois, François, bourgeois	109	T	500
Dubois, Abraham, charretier............42 et 43		T	200
Ducep, Elie, Vve, née M. Lse Lavigne..	1213	N	100
Duguay, Philippe, boucher	1166	N	200
Dufresne, Joseph, boulanger...............	63	T	½ 51
Dumont, Achille, épicier	321	J 2	50
Dubrule, Ovide, machiniste................	775	N	237
Ducharme, G. N., teneur de livres	659	P	200
Dumas, Léon, estampeur	1567	P	50
Dubreuil, Joseph, charretier	1520	P	50
Dudevoir, Hilaire	165	F	½ 100
Durand, Vve Moïse, née C. Brégard.....	1569	P	45
Durand, François, carrossier..............	1465	P	50
Dumas, Vve Paul, née Zoé Lacombe ...	102	P	⅓ 100
Dufresne, Charles, épicier	461	T	½ 360
Duclos, A. H., restaurateur................	100	K	⋅122
Duperrault, Adolphe, commerçant	141	K	100
Dufresne, Philéas, photographe	211	K	50
Dumont, Alphonse, cordonnier	115	K	½ 100
Dufresne, François, épicier	166	K	50
Dufresne, Vve Ernest, née Orise Brosseau	511	N	50
Dupuis, Alexis, marchand..................	321	P	200
Duplessis, Louis, père et fils, charretiers	286	P	50
Dubrule, Cléophas, menuisier.............	43	R	100
.Dupuis, Nap. et Magl., gardes-magasins	47	R	100
Dugas dit Labrèche, Louis, boucher.....	49	R	100
Dumas, F. X., hôtelier	230	R	56
Dumont, Magloire, succession	5	R	318
Dufort, Tancrède A...........................	114	P	50
DeRepentigny, Joseph, cultivateur......	142	J 1	50

	No	Section	Pieds
Deneau, Vve Adolphe Ouellette..........	1193	P	50
Delisle, succession A. M......................	9	O	448
Desjardins, Vve, née Adeline Janotte...	376	N	50
Desautels, Napoléon, forgeron	1248	P	$\frac{1}{2}$70
Demers, Alphonse, plombier..............	61	T	70
Demers, Vve Noël Odile Monette........	734	P	104
Desormeaux, Jos. Z., manufacturier.....	1238	P	50
Demers, F. X., instituteur	387	O	322
Demoiselles de la Victoire .... VIe stat.		T	1100
Décary, Benjamin, contre-maître........	872	P	$\frac{1}{2}$100
Déroches, Jules B., cordonnier...........	783	P	100
Dupré, Vve Louis, née Thibault...........	147	R	56
Dubois, Octave	66	R	$\frac{1}{2}$100
Dufresne, Maxime, cigarier	63	G	100
Dubuc, Pierre, épicier.......................	9	G	$\frac{1}{2}$200
Dufort, Médéric, gardien	689	H	56
Drapeau, Fabien	475	H	$\frac{1}{2}$144
Dupré, Antoine	142	J 2	140
Duvernay, monument public..............	58	C	
Dubois, Ludger, cordonnier	350	N	50
Dupuis, J. N., marchand.....................	1017	N	298
Dubois, Etienne A., Vve, née Josephte Beaudry......................................	45	D	200
Dubuc, F. X., chapelier......................	93	T	300
Dubois, Azarie, boucher................... 42 et 43		T	200
Dubois, Cléophas, pompier.............. 42 et 43		T	200
Dubois, Henri, charretier............... 42 et 43		T	200
Dumay, Léon, estampeur....................	1567	P	50
Durocher, H., épse Daniel Charlebois...	43	D	$\frac{1}{4}$200
Durocher, Julie, épse Elie Maillé..........	43	D	$\frac{1}{4}$200
Durocher, Ls. Guillaume N...............	43	D	$\frac{1}{4}$200
Durocher, Caroline, ép. Edou. Ferland.	43	D	$\frac{1}{4}$200

	No	Section	Pieds
Dufresne, L. P, orfèvre......................	113	D	200
Dubreuil, Vve Alexis, née Barcelo........	123	D	200
Ducasse, J.-Bte...........................	79	J 2	100
De Repentigny, N. et Jos..................	142	J 1	50
Deguire, Benjamin........................	803	P	½ 100
Desforges, A.............................	789	P	½ 50
Désormiers, P., épicier..................	680	P	½ 200
Dépatie, Augustin, marchand de tabac.	843	P	100
Dépatie, Vve Damase	844	P	50
Delorme dit Lemay.......................	1517	P	50
Descarries, Vve Pierre..................	843	N	100
Desmarais, Vve Marcel	905	F	200
Despaty, Jean...........................	117	P	50
Demers, Etienne, bourgeois	1431	P	50
Desparois, Magloire	134	P	64
Deziel dit Labrèche, Jos. entrepr........	709	H	56
Dorval, Jos., pilote.....................	18	F	½ 100
Dorsonnens, Chs. Ernest, cultivateur...	81	P	32
Doray, Philon, Vve Isid. Payette........	1552	P	50
Doucet, Vve E. H........................	366	J 2	50
Dostaler, Chs Bte., menuisier...........	639	H	56
Durand, T. J. N. P	28	L	222
Dugas dit Labrèche, Olivier.............	131	N	54
Duhault, Ls Geo. A. Jac., M. D.........	193	N	150
Dufresne, Raphaël, épicier..............	273	P	169
Dubrûle, Cléophas, menuisier...........	43	R	100
Dupré, Ls, Vve, née H. Thibault........	147	R	56
Dufort, Vve J.-Bte......................	460	T	650
Dufresne, L. P., bijoutier..............	97	K	300
Durand, Vve L..........................	830	H	½ 98
Durand, Nap., cordonnier...............	830	H	½ 98
Détourneau, Jos., armurier.............	793	N	32

E

	No	Section	Pieds
Ethier, Léandre, boucher	49	G	100
Ecclésiastiques du S. S. S. de Montréal.	2	G	3500
Ebacher, Dominique, comptable	12	O	$\frac{1}{2}$197
Edmond, Jos., marchand	771	N	$\frac{1}{2}$142
Ellard, George, manufacturier	243	N	100
Emond, J.-Bte	88	J 3	$\frac{1}{2}$306
Emond, J. M	89	J 3	306
Emerie, Michel	348	J 2	100
Emond, Michel, peintre	1521	P	50
Etu, Gilbert, épicier	185	B	200
Etienne, Jos.	326.	J 3	118
Ethier dit Lamalice, E	1414	P	100
Elie, Vve Pierre	156	F	100
Emond, Norbert, boucher	819	P	200
Emlot, Edmond, barbier	834	P	50
Emard, Vve Jos., née M. Lse. Gagnon	103	R	100
Ethier, N. N	17	H	42
Ethier, Nicolas, boucher	321	J 3	100
Ethier, Jos., boucher	695	N	128
Ethier, Antoine, machiniste	210	P	90
Ethier, Benj., marchand	50	P	$\frac{1}{2}$200
Ethier, S. N., menuisier	1564	P	65
Ethier, Alphonse, charretier	229	R	56
Ethier, Vve J.-Bte	659	H	56

F

	No	Section	Pieds
Favreau, Olivier	230	H	100
Fagnan, Eléonore, épse J. Crépeau	279	H	64
Fauteux, P. A	48	J 3	300
Faucher, Olivier, marchand	13 et 14	T	$\frac{1}{2}$256

	No	Section	Pieds
Fabre, E. R............................	1	B	557
Fauteux, L. G............................	37	C	221
Favreau, Alexis, épicier	308	J 3	½ 150
Fauteux, Hercule, entrep.-menuisier.....	715	P	113
Fafard, Norbert, M. D........................	924	P	100
Favreau, Louis...........................	116	B	84
Fauteux, P. R., agent d'assurance.......	79	C	260
Faille, Amable, commis....................	532	P	½ 200
Fauteux, Emery, boucher....................	1325	P	149
Falardeau, Vve Frs...........................	1463	P	64
Faust, Adolphe, M. V........................	109	K	100
Faure, F. L., marchand......................	234	R	56
Fabre, Léon, chapelier......................	216	R	56
Favreau, Adolphe, commis..................	82	R	½ 144
Fauteux, Henri Jac. Hector................	649	H	56
Feniou, Eugène, M. Vétérinaire...........	19	A	800
Fernandez, Jean, colporteur..............	860	N	35
Felsque, Vve J.-Bte, née Julie Bélanger.	811	H	56
Filiatraut, Octave........................	195	J 2	100
Filiatrault, Cyriac, marchand............	580	N	220
Filiatraut, Paul, bourgeois................	706	N	100
Filion, H. D., cond. de malle............	760	P	118
Filiatrault, Révd. Elphège................	84	R	100
Fiset, Alphonse, barbier	620	H	56
Florant, Frs, Dme............................	370	J 2	50
Fluet, Elzéar, cordonnier	282	H	½ 64
Fleury, Joséphine, Delle....................	1114	P	50
Fleury, Adélard, marchand................	533	P	½ 272
Forget, Louis...............................	176	H	48
Fortier, Vve Félix............................	173	J 2	64
Fournier, Edouard, teneur de livres.....	137	F	200
Forté, Chs, menuisier.......................	129	F	100

	No	Section	Pieds
Forget, Adélaïde, Vve J. Gagnon........	36	B	$\frac{1}{4}$ 446
Forest, Gédéon, commerçant..............	245	F	100
Forest, Sigefroi..............................	245	F	100
Fournier, Paul, menuisier...................	125	J 1	100
Fournier, Virginie...........................	375	J 2	32
Forest, Joseph, ingénieur...................	229	N	50
Fortier, Vve Frs, née M. L. Langevin...	1024	N	$\frac{1}{2}$ 100
Fournier, Christophe........................	113	J 1	50
Forget, Frs, charretier......................	186	P	100
Fortin, J. Bte et Gabriel...................	610	P	200
Fournier, Hyacinthe, menuisier..........	795	P	100
Forget-Dépaty, arcade ....:......	782	P	100
Forest, Vénérand............................	719	P	$\frac{1}{2}$ 100
Forget, Dépaty, Augustin, marchand de tabac...................................	843	P	100
Forget dit Dépaty, Vve Damase...........	844	P	50
Forget, Louis, Joseph, courtier...........	10	T	200
Fortier, Edm., commis......................	15	O	126
Fortier, J. M., manuf. de cigares.........	1320	P	197
Foisy, Ls Gonzague, commis-voyageur.	1067	N	$\frac{1}{3}$ 234
Fournel, Zotique, cordonnier..............	664	P	$\frac{1}{2}$ 115
Fournier, Vve Antoine......................	1417	P	100
Foisy, Hormidas, typographe..............	12$\frac{1}{2}$	U	100
Forget, Lucien, avocat......................	24	R	100
Foucreau, Napoléon, épicier..............	1542	P	75
Fortier, Eustache, bourgeois..............	111	R	100
Forget, Ferdinand............................	99	R	100
Fortin, Jos., marchand.....................	654	H	56
Frement, Arsène..............................	432$\frac{1}{2}$	H	50
Frigon, Pierre.................................	186	H	80
Frigon, Benjamin.............................	186	H	80
Franchère, L. O., marchand-tailleur...	44	F	163

	No	Section	Pieds
Frappier, Onésime, maçon....	59	F	½ 100
Fréchette, Olivier........:...................	30	C	344
Frenière, Pierre, forgeron...................	380	J 3	100
Frères des Ecoles Chrétiennes............	1	G	3500
Frigon, Joseph..............................	1006	P	100
Fréchette, L. H............................	12	S	½ 250
Forest, Rosalie, Vve Dosithée Miron.....	687½	N	50
Fortin, Madame..............................	511	P	100
Forget, Dépaty, Félix........................	342	J 3	50
Falardeau, Vve Sébastien	79	P	50
Favreau, Vve Eustache.....................	188	F	½ 50
Felton, Michel...............................	228	N	200
Foisy, Artistide, typographe...............	315	H	48

G

	No	Section	Pieds
Gay, Wm, Latour.............................	71	H	24
Garnier, Antoine, charpentier..............	177	H	48
Giroux, Ls, tailleur de cuir..............	86	R	½ 100
Globenski, St., dentiste...................	571	N	⅓ 30
Globenski, Léon, officier civil.............	10	O	100
Globenski, F. D., commis...................	971	P	122
Glackmeyer, Chs, sr........................	192	P	50
Glackmeyer, Chs, sr..........:.............	372	P	50
Globenski, David..........................	388	O	178
Glackmeyer, Chs, sr., greffier de la Cité.	63	C	½ 400
Guibord, Jos., succession..................	873	N	44
Gauthier, Odile, Vve Ls Payette.........	363	J 2	100
Garnier, Calixte......................:......	53	J 2	54
Gareau, Jos., Vve...........................	291	P	50
Glackmeyer, Chs, fils, comptable........	91	G	133
Gaudry, Amable, bourgeois................	117	G	180
Germain, J. Bte.............................	390	H	70

	No	Section	Pieds
Giguière, Thomas, ingénieur..............	62	F	200
Giguière, Clovis, Vve, née Délima Manuel...............	492	H	66
Girard dit St-Jean, P. Ls....................	160	J 3	½120
Gareau dit St-Onge, Michel...............	289	H	56
Gareau, Ls Abraham..................	64	J 1	½204
Gariépy, Edouard.....................	55	J 1	½204
Gareau, Félix........................	22	J 2	100
Goyette, Benjamin...........................	61	J 2	½111
Gagnon, Pierre, gardien....................	128	J 2	64
Gauthier, Léandre et Augustin...........	67	J 2	150
Galipeau, Jos...................... ..:.....	171	J 3	100
Gariépy, Alfred................................	191	J 3	128
Gauthier, Louis........................	92	J 3	292
Galarneau, Médard, marchand............	101	D	320
Gauthier, Edouard, marchand - tailleur	78 et 80	D	379½
Gaudry dit Bourbonnière, Narcisse......	71	F	200
Goyette, Henri, bourgeois	232	F	100
Gagnon, Hubert.....................	36	B 1⁄5	446
Gareau, Chs........................	5	A	490
Gauthier, Lucie, épse de J. B., marquis.	368	J 2	100
Gauthier, Alexis, cordonnier..............	201	F	½100
Gaure, Odile, Vve A. Amary..............	300	J 2	24
Gauthier, Jos., épicier.......................	369	J 2	50
Gauthier, Jos., agent.......................	101	J 1	100
Garand, Moïse, N. P....................	155	J 1	100
Gareau, André.,.....................	359	J 3	50
Gauthier, Frs.......................	52	N	100
Gaucher, G. G......................	137	N	155
Gauné, Hippolyte, jardinier..............	172	N ·	214
Gamble, Robt., doreur.......................	387	N	50

9

	No	Section	Pieds
Galarneau, Cléophas, marchand ; Gauthier, Gilbert, marchand..................	573	N	$\frac{3}{4}$318
Gauvreau, Jos. et R. de Lima..............	533	N	$\frac{2}{3}$100
Gauthier, Vve Damase......................	342	N	$\frac{1}{2}$103
Gauvreau, J.Bte et Zotique	370	N	147
Gauthier, F. X., opérateur de télégrap..	600	N	188
Gariépy, Frédéric, charretier...............	813	N	50
Galipeau, J.Bte, menuisier.................	170	J 3	100
Gadbois, Vve Olivier......................	931	N	200
Gagnon, G. A. C. E. A. et N..............	6	N	280
Galaise, Cléophas, boucher	148	N	$\frac{1}{2}$216
Gauthier, Israël, boucher.................	1190	N	100
Gauvreau Emery, hôtelier	2	P	100
Gauthier, Stanislas, marchand...........	45	P	100
Gadbois, Catherine.........................	197	P	50
Gagnon, Jean, rentier.....................	1251	N	208
Gauthier, Edouard, contre-maitre........	117	H	56
Galibert, C. E., marchand de cuir........	311	P	134
Gariépy, Arthur, commis..................	366	P	50
Gadoua, Julien, hôtelier..................	560	P	136
Gauthier, Michel, forgeron................	19	U	200
Galarneau, Henri, marchand..............	438	U	100
Gauthier, M., avocat	53	N	100
Gauthier, Isaïe............................	735	P	100
Gascon, J.Bte, épicier	743	P	50
Gatien, J.Bte, journalier..................	917	P	50
Gauthier, Vve Louis Jos..................	29	D	$\frac{1}{2}$200
Gareau, Flavie, Vve Alexandre Madore	1169	P	50
Gagnon, Louis, hôtelier	34	J 1	200
Gagnier, Stanislas, peintre...............	403	P	100
Gauthier, Xavier, charretier	1304	P	50
Gatien, Pierre, maître de bagage.........	1355	P	50

	No	Section	Pieds
Gagnon, A	10	O	$\frac{1}{2}$ 363
Gauthier, Henri, chaumier	65	H	192
Garceau, Vve F. X., née Odile Mackay	971	P	61
Gagnon, Jos., hôtelier	1489	P	$\frac{1}{2}$ 101
Gatien, Alexandre, conducteur G. T. R.	1429	P	64
Galarneau, J.Bte, épicier	732	P	50
Gareau, Félix, menuisier	207	K	50
Gariépy, Jos., épicier	26$\frac{1}{2}$	C	$\frac{1}{2}$ 116
Gauthier, Henri, peintre	272	P	$\frac{1}{2}$ 212
Gauthier, Pierre, commis-voyageur	353	P	$\frac{1}{3}$ 131
Gauthier, Edouard, charpentier	189	K	90
Galipeau, Ls, menuisier	152	J 3	128
Galarneau, Damase, 'charretier	662	P	114
Galipoli, Victor, hôtelier	226	R	56
Gagnon, Vve Ulric, née Mélina Blais	185	R	56
Garceau, Pommela	222	R	100
Gariépy, Hormisdas, marchand	158	R	100
Gauthier, Wilfrid	196	R	56
Garand, Gilbert, pompier	137	P	64
Gauthier, Nazaire, hôtelier	132	R	100
Gagnon, Vve Nap., née Lse Hogue	336	N	50
Gariépy, Honoré et Séraphin, épiciers	231	P	150
Gauthier, Antoine, charretier	42	G	133
Génand, Jos. Aug., journaliste	106	D	200
Généreux, E. A., bourgeois	21	B	120
Gélinas, Sévère, marchand		S	535
Gervais, C. A. et Théop	605	N	$\frac{2}{3}$ 193
Gervais, Louis, journalier	728	N	64
Gervais, Louis, menuisier	714	N	$\frac{1}{2}$ 92
Germain, H. A., clerc au Recorder	72	P	50
Gervais, Pierre, bourgeois	1138	P	$\frac{1}{2}$ 100
Gélinas, Evariste, march. de chaussures	195	J 3	114

	No	Section	Pieds
Gervais, Léon	230	N	50
Gernaey, Chs, libraire	192	J 3	100
Gendreau, J.Bte, journalier	124	K	76
Généreux, Jos., peintre	466	P	50
Genand, F. L., médecin	108	D	200
Germain, T., charretier	50	R	100
Germain, P. A., marchand	641	H	56
Gibeault, Adolphe	379	H	77
Girard, David	130	J 3	100
Giguère, Pierre	217	J 3	$\frac{1}{2}$ 175
Giraldi, Séraphino, hôtelier	85	D	220
Girard, Mich. Benj	46	D	$\frac{1}{2}$ 200
Girard, Hippolyte	46	D	200
Giroux, J. R., commis	97	F	100
Girard, Auguste	64	H	120
Giroux, Hercule, marchand	97	J 1	$\frac{1}{2}$ 210
Gingras, Honoré, marchand	230	J 3	137$\frac{1}{2}$
Gilbert, Louis, cuisinier	228	N	50
Giroux, Geneviève	1038	N	$\frac{1}{2}$ 50
Girouard, Désiré, avocat	86	T	500
Girard, Ls, cocher	1027	N	$\frac{1}{2}$ 100
Girard, Chs, boucher	1049	N	200
Giroux, Isaïe, boucher	400	P	175
Giroux, Jos., ferblantier	155	N	225
Giroux, Fabien, boucher	567	P	100
Giroux, C. O	69	J 1	$\frac{1}{2}$ 300
Gianelli, A. M. F., consul italien	106	J 2	100
Giroux, Julie	382	N	$\frac{1}{3}$ 100
Gingras, Augustin, charron	480	N	$\frac{1}{2}$ 200
Gingras, Ls Edouard, marchand	729	P	100
Girard, Olivier, boulanger	92	B	$\frac{1}{3}$ 175
Girard, Louis	768	B	64

	No	Section	Pieds
Gingras, Alexandre, menuisier...............	945	B	50
Giroux, A. P., employé civil...............	94½	P	60
Girard, Henri...............................	460	P	100
Giroux, P. O., pharmacien.................	49	B	½ 200
Giroux, S. Médéric, barbier..	40	T	98
Girouard, Théop., comptable	76	T	53
Gibeau, Théodore, commerçant...........	35	T	90
Giroux, Wilfrid.............................	1378	P	50
Giroux, Chs, charpentier....................	1379	P	50
Giroux, Jos. Chs, pompier.................	1377	P	50
Gianelli, Angelo M. F., consul d'Italie pour Mme Henry Clarke, née Hynes..	27	J 1	200
Gianelli, Angelo M. F., consul d'Italie pour Arturo Kasilister.................	802½	P	50
Girard, Emilien, journalier.................	727	N	82
Girouard, Victor, maître tailleur.........	105	K	100
Giroux, Joseph, Dame, née Goudreau, Rosalie	1072	P	100
Gibeau, Arthur, comptable	119	R	56
Giroux, Achille, commis....................	174	R	56
Giroux, Jos., charretier....................	603	H	56
Glandon, Maurice, navigateur	79	H	½ 144
Gladu, Louis, cordonnier...................	372	J 3	50
Goulet, Vital, boulanger...................	92	H	100
Gougeon, Prudent.........................	383	H	100
Goderre, Alexis	138	J 3	100
Goulet, Nap., tailleur de pierre...........	201	F	½ 100
Gohier, Rémi, marchand....................	205	J 2	80
Godette, Narcisse, commerçant...........	163	F	200
Godin, Jos., hôtelier	245	N	50
Gosselin, Chs, forgeron....................	197	N	¼ 182
Gohier, R. E., charpentier.................	697	N	200

	No	Section	Pieds
Gougeon, Elizabeth, Vve P. Décarie ...	843	N	100
Godin, D.	6	N	1⁄5 280
Godard, Marie et Victoire	1186	N	64
Goyette, Herménégilde, commis	61	P	1⁄2 200
Gouillard, Jos., manager	823	N	50
Goyette, Félix, bourgeois	487	N	80
Godin, Joséphine, Vve Jac. Paquin	397	P	160
Gohier, Séraphin, cultivateur	559	P	190
Godin, Jos., tanneur	113	B	104
Gougeon, Antoine, marchand de cuir...	37	D	200
Gougeon, Léon, bourgeois	162	T	1⁄3 460
Goyette, Antoine, boucher	51	B	1⁄3 300
Goyette, Henri, bourgeois	232	F	100
Goulet, Lud. et Jos., manuf. de cigares	10	J 3	200
Gonthier, Louis et George	192	R	80
Gougeon, Edouard, contre-maître	93	R	100
Gourd, Gilbert, cordonnier	1204	N	100
Godefroy, Thomas, contre-maître	616	H	56
Gaulin, Ferd., machiniste	782	H	56
Godette, Jos., cordonnier	10	G	1⁄3 200
Gohier, Argenas	797	H	82
Grenier, Antoine, commis	78	H	80
Griffard, Pierre	186	H	20
Grenier, Jacques, marchand	60	D	200
Gravel, J. A., libraire	1	B	557
Grenier, Amédée, Wolfrid, avocat	6	B	429
Gravel, Chs, Edmond, Maxime, Edouard et Ovide	28	B	500
Gravel, Martin, voiturier	35	B	200
Grothé, J. M., bijoutier	237	J 2	195
Gravel, Pierre, commis	147	F	1⁄2 200
Grenier, Vve Jos	98	C	484

	No	Section	Pieds
Grenier, P. V., ferblantier	620	N	108
Grignon, Pierre, menuisier	683	N	74
Grégoire, J. F., marchand.................	1128	N	50
Gravel, Philéas, chapelier	536	P	64
Granger, Nap., commis....................	563	P	100
Grosleau, Damase.......................	754	P	50
Gravel, Prisque, bourgeois...........	4	F	200
Grenier, Edmond, épicier..............	74	T	• 50
Grignon, Antoine, tailleur..............	673	P	50
Gravel, Jos, laitier	187	K	50
Grosleau, Nap., conducteur C. P. R.....	167	K	50
Gravel, Narcisse, commis...............	141	P	50
Groulx, Augustin, fossoyeur.............	48	R	$\frac{1}{2}$100
Graton, Ludger, cordonnier	1509	P	$\frac{1}{2}$70
Groulx, Frs, jardinier	166	R	$\frac{1}{2}$56
Grondin, Edouard, menuisier............	618	H	56
Grignon, Adrien, ferblantier...........	694	H	56
Guilbault, Jos...........................	39	D	200
Guilmette, J. O., marchand..............	224	F	200
Guilbault, Pascal, tailleur de marbre...	230	F	$\frac{1}{2}$200
Guildry dit Labine, Jules, marchand...	236	F	100
Guimond, Calixte........................	36	B	$\frac{1}{4}$446
Guy, Pierre, héritiers...................	1	A	900
Guernon, Damase	164	J 3	$\frac{1}{2}$100
Guénette, Frs, Vve, née Aurélie Beaudry	114	E	600
Guernon, Jos............................	297	J 3	50
Guibord, Damase, entrepren. menuisier	793	N	$\frac{1}{2}$264
Guindon, Philomène	305	P	100
Guérin, Constant, marchand..............	5	U	200
Guidi, J.Bte, doreur.....................	120	H	64
Guilbault, Jos., carrier	429	N	$\frac{1}{4}$200
Guilbault, J.Bte, cloutier...............	714	P	$\frac{1}{2}$100

	No	Section	Pieds
Guérin, F. X., marchand	666	P	½ 264
Guimond, David..............................	1403	P	50
Guimond, Ls Euclide, commis	169	J 3	100
Guilbault, Maxime, chaloupier...........	163	K	54
Guibord, Francis, confiseur...............	437½	N	½ 183
Guenette, Vve Narcisse, née Philomène			
Labranche	13	R	200
Guilbault, Jos., conducteur...............	135	R	100
Guérin, Jos., menuisier....................	46	G	100
Guérin, Théop., peintre...................	45	G	100
Guilmette, Augustin, cordonnier.........	1142	N	88

H

	No	Section	Pieds
Hamelin, Félix...............................	18	F	½ 200
Hervieux, Pierre, Jacques, héritiers.....	206	J 2	100
Harbour, Norbert, charretier..............	61	P	½ 200
Hamelin, A. S., marchand.................	102	T	1118
Harel, Olivier..............................	975	P	100
Hamel, Michel, domestique...............	1001	P	⅓ 58
Harnois, Vve Gédéon.....................	205	R	½ 100
Harnois, Frs...............................	205	R	½ 100
Hardy, Edmond, marchand................	103	G	133
Hedge, Henri..............................	414	H	100
Henry, Pierre, commis....................	10	F	200
Hébert, Julie, Vve R. Mayer..............	90	F	100
Hébert, Chs P. et E. H., marchands.....	103	T	1162
Herse, Lse, Vve de A. Z. Grothé........	165	N	167
Hénault, Damien, commis.................	705	N	100
Hémard, Alexis, cordonnier..............	1001	F	68
Hébert, Chs, menuisier...................	116	F	100
Hétu, Honoré, cordonnier................	503	P	50
Hétu, J. Bte, cordonnier.................	548	P	50

	No	Section	Pieds
Hérard, Ls Jos., manufacturier............	586	P	102
Hedge, Henry, Mme......................	414	P	150
Hénault, Deschamps, Jos., hôtelier.......	20	U	200
Hétu, Gilbert, épicier....................	185	B	200
Henrichon, Adeline......................	145	B	90
Henrichon, seule héritière...............	145	B	90
Henrichon, Olivier, bourgeois............	1205	P	$\frac{1}{2}$72
Henrichon, Moïse, commerçant............	1301	P	, 80
Henrichon, Léon, charretier..............	62	J 2	144
Hénault, Napoléon, mécanicien...........	215	K	$\frac{1}{2}$262
Hénault, Edmond, peintre.................	176	R	56
Hémond, Jos C., manufacturier..........	34	R	205
Hénault, V. F., commis....................	652	H	56
Hotte, Augustin..........................	372	H	36
Houlé, J. Bte, notaire....................	1009	N	200
Homier, J. Bte, bourgeois................	97	D	383
Hogue, P. Benj., marchand-tailleur.....	657	H	56
Houlé, Ovide, ferblantier..................	160	N	150
Houlé, Napoléon et Alfred, ferblantiers.	161	N	150
Hogue, J. Bte, manufacturier............	322	N	100
Homier, Louis, tailleur de pierre.........	314	J 2	$\frac{1}{2}$100
Homier, F. X., père, entrepreneur........	3	P	$\frac{1}{2}$100
Hogue, Jos, chef d'atelier.................	46	P	100
Houde, Fred., journaliste.................	235	P	200
Houle, Louise, Vve de N. Corse...........	296	P	50
Houle, Pierre, commis.....................	909	P	64
Hotte, Magloire..........................	138	F	100
Houle, Joseph Firmin, entrepreneur.....	111	R	100
Hurteau, Léon, commerçant.............	61	D	200
Hudon, Pierre, marchand............5 et 7		D	354
Hubert, R. A. R., protonotaire.........103 et 105		D	580
Hurtubise, Jos., cultivateur..............	88	F	100

	No	Section	Pieds
Hurtubise, Isaïe, cultivateur..............	2	B	450
Huot, Jos. et Alp.........................	18	B	300
Hua, Paul, marchand......................	50	J 3	½ 300
Hudon, Elie..............................	160	F	100
Hudon, Isaïe, marchand..................	273	J 3	50
Huet, Martin, menuisier.................	1315	N	98
Hurtubise, Elizabeth.....................	252	P	50
Hurtubise, Antoine, boucher.............	493	P	50
Hurtubise, Edwin, agent d'assurance..	692	N	⅓ 200
Hurtubise, Eustache, médecin...........	611	N	200
Hurtubise, Octavie......................	1029	P	50
Hudon, Ephrem et Victor, marchands..7 et 8		C	600
Hubert, Cyrille, chapelier...............	152	B	½ 100
Hurtubise, Francis, teneur de livres.....	793	P	200
Hurtubise, Vve Marin, née Aglaé Fu-			
gère..	56	T	57
Hunault, Guillaume, capt.de vaisseaux.	1526	P	100
Hurteau, Nap. Arthur, march. de bois..	96	T	460
Hudon, Beaulieu, Carmel, restaurateur.	62	R	100
Hudon, Ls J. M., tailleur................	64	G	100
Hurtubise, Alphonse, boulanger..........	66	G	½ 133
Hébert, Philippe, sculpteur..............	450	N	154
Hupé, famille	14	N	100
Huotte, Octave, cordonnier..............	65	N	100
Huet, Martin............................	1215	N	98
Hupé, Damase...........................	345	N	½ 100

I

	No	Section	Pieds
Imbault dit Mantha, Adélaïde...........	294	P	50
Itziweire, Louis, menuisier...............	44	D	100
Imbault, Marie et Léa...........1527 et 1528		P	90

J

	No	Section	Pieds
Jacques, Michel.......................	345	N	½ 100
Jardin, Pierre, épicier...................	255	J 3	½ 100
Jacques, L. G. A., médecin...............	193	N	150
Jacotel, Jos., Chs, ferblantier............	999	P	50
Jannard, Jos., commerçant	177	B	200
Janotte, Roch, charretier.................	1254	P	50
Joseph, J. O., avocat.....................	15	A	150
Jacotel, Théodore, plombier.............	173	K	50
Jarret, François, commis.................	914	P	100
Janson, Olivier, Vve Olivier, née Caty.	342	J 2	100
Jarry, François, agriculteur...............	25	C	½ 300
Jacques, Elie et Modeste Cadotte........	772	P	150
Jarry, Vve Urgèle, née Groulx...........	48	R	½ 100
Jasmin, Stanislas, commerçant...........	1071	N	200
Jacques, O. P...........................	427	N	200
Jetté, Pierre et Paul, tailleurs de pierre.	47	B	½ 184
Jetté, Paul.............................	47	B	½ 184
Jetté, Pierre, Vve Pierre.................	1038	N	½ 50
Jeannotte, Joseph, forgeron..............	574	N	¼ 250
Jeannotte, Adeline, Vve J. Desjardins..	376	N	50
Jetté, L. A., juge......................	450	T	441
Jeannotte, Alphonse, relieur.............	1420	P	50
Jeannotte, Joseph, boucher..............	45	R	100
Jetté Henri, tailleur de pierre.............	118	R	56
Jodoin, Amable	22	C	452
Jolicœur, J. Bte, Vve née Christine Lavigne	116	J 1	100
Jordan, Joseph, jardinier................	26	E	120
Jodoin, Léon, facteur d'orgues..........	537	N	62
Jutras, Joseph, épicier..................	25	G	½ 200
Jutras, Louis, messager.................	25	G	½ 200

	No	Section	Pieds
Joubert, Léon, marchand	1014	N	½ 200
Joubert, A. D., huissier	48	P	96
Joubert, L. N.	48	P	96
Joyal, Michel, cordonnier	36	B	¼ 144
Joubert, Benjamin, peintre	144	P	50
Jodoin, Octave, marchand	105	P	½ 100
Joly, Pierre, marchand	1156	N	400
Joyal, Michel, cordonnier	131	D	½ 228
Jodoin, Apollinaire, commis	759	P	50
Jolicœur, George, Moïse, Zacharie	66	O	278
Jolicœur, Irénée, garde-magasin	331	P	64
Joubert, S. D., commis	1089	N	195
Joutras, Joseph et Louis	25	G	200
Juneau, Joseph, carrossier	65	G	½ 100
Julien, Joseph N., bourreur	280	J 3	100
Julien, Marguerite	54	F	½ 200
Julien, Henri, ingénieur	272	N	64
Julien, Léon, marchand de chaussures.	167	B	½ 100
Julien, Henri, graveur	118	B	⅓ 135
Jubinville, Benjamin, hôtelier	717	P	100
Jubin, Cyrille, ferblantier	109½	T	197
Juteau, O.	1C6	R	⅓ 56

K

Kennely, héritiers	100	J 3	216
Kéroak, Alphonse, marchand	96	C	400
Kersse, succession Louis	112	R	100

L

Lauriau Rose	41	II	⅓ 63
Latour, héritiers P. H.	1C9	H	96

	No	Section	Pieds
Laforce, Michel, boucher....................	1	N	210
Latreille, F. L., boucher....................	121	F	420
Lamoureux, Eugène..........................	11	J 1	½ 340
Latour, Gilbert.......................... ⎫ Latour, Toussaint...................... ⎭	19	J 1	⅓ 289
Lacoste, Eustache..........................	58	J 1	204
Lapierre, Adolphe..........................	45	F	200
Lacroix, Pierre, menuisier................	8½	J 2	100
Laviolette, Hector N. S....................	78	J 2	½ 124
Larue, Marie..........................	167	J 2	100
Labelle, François..........................	181	J 2	100
Labelle, Vve Joseph..........................	84	J 3	½ 216
Lamothe, Thomas, Vve....................	38	J 1	108
Laflamme, Frs-X..........................	76	B	100
Lalonde, C. F. N..........................	87	T	472
Lapointe, Antoine, maçon..................	208	H	32
Lapointe, Babilas, hôtelier................	60	J 1	½ 204
Lefebvre, Joseph	20	P	50
Lapalme, C..........................	160	B	50
Laurence, O. et A., entrepreneur........	35	A	300
Laforce, Augustin, marchand de pianos.	122	B	150
Lacas, André	1245	N	½ 108
Lagarde, Paul, épicier....................	1357	P	100
Laurent, David, Vve....................9 et 11		B	½ 200
Lafrenière, Cyprien, tabaconiste........	449	P	131
Lanthier, Auguste..........................	43	B	357 .
Labonté, Joseph Alphonse..................	618	N	100
Larue, J. Bte, tailleur....................	35	D	½ 200
Lavigne, L., bourreur....................	94	J 1	50
Laurent, Michel....................94 et 95		J 3	450
Lamouche, André..........................	96	J 3	½ 225
Labranche, J. O..........................	112	J 3	150

	No	Section	Pieds
Laforce, Vve Joseph et Hippolyte........	129	J 3	100
Labelle, Charles................................	155	J 3	100
Laforce, Auguste, marchand de pianos..	122	B	150
Larivée, Napoléon, marchand.............	18	C	221
Lamarche, Vve Alexis.......................	219	J 3	140
Lafontaine, Sir L. H., baronnet, juge-en-chef...................................	11	K	$\frac{1}{2}$ 600
Lacoste, Séraphin dit Languedoc........	189	J 3	138
Labelle, Joseph O., peintre	23	D	116$\frac{1}{2}$
Larseneur, T. F., employé de poste......	96	D	200
Lafricain, Trefflé et Geo., marchands...	82	J 1	300
Laviolette, Michel, boucher.................	72	F	200
Laberge, Augustin, entrepreneur.........	7	F	200
Lafond, J. E., marchand	203	F	100
Lafleur, Edouard, notaire...................	20	F	200
Lafrenaye, P. R., avocat...................	193	F	100
Laramée, Jos., menuisier...................	111	O	257
Larue, Pierre, héritiers....................	246	F	100
Latour, J. Bte, charretier...................	160	F	100
Larose, Louis...............................	189	F	$\frac{1}{2}$ 200
Laflamme, Jos., tanneur, héritiers	107	F	100
Lamothe, héritiers...........................	17	B	300
Labadie, Jos. A., N. P......................	4	B	487
Lalonde, Jos..............................	18	B	300
Lavictoire, Jos.............................	78	B	100
Laurent, Pierre............................	80	B	100
Lauzon, Eusèbe............................	6	A	$\frac{1}{2}$ 300
Laflamme, Rodolphe......................	1	E	578
Lamontagne, B.............................	4	N	250
Lalonde, Auguste...........................	33	J 2	$\frac{1}{2}$ 100
Labelle, J. Bte, organiste..................	2	B	150
Lambert, Rémi.............................	114	F	$\frac{1}{2}$ 200

	No	Section	Pieds
Lacombe, Simon, jardinier...................	234	F	100
Larivée, Louis, commerçant...............	209	J 3	182
Laliberté, Ovide, imprimeur...............	472	H	63
Laurin, Chs, charretier......................	23	J 1	306
Lambert, Louis V., menuisier.............	236	J 2	$\frac{1}{3}$ 246
Larue, Alf., tailleur de pierre..............	182	J 2	24
Langevin, Lacroix, Alph., F. X. El., commis................	237	H	100
Lamoureux, Pierre, plâtrier................	97	J 1	$\frac{1}{2}$ 210
Lavoie, Frs, Art..........................	86	J 1	100
Lavigne, Léonard, bourreur..............	94	J 1	50
Lamoureux, Chs, marchand...............	19	J 2	150
Lacaille, Chs, épicier.....................	149	F	$\frac{1}{2}$ 320
Lavigne, Anthime et frères...............	98	J 1	210
Lapierre, André, marchand...............	52	B	300
Lamontagne, Dame Vve Jos..............	98	D	234
Lamontagne, Dame Vve Chs.............	100	D	234
Laramée, Jos., Elie, épicier..............	308	J 3	$\frac{1}{2}$ 150
Laurent, David, peintre...................	309	J 3	115
Lamontagne, Ls Joseph, entrepreneur..	314	J 3	133
Lamontagne, Léandre, Benj. et Joseph, menuisiers................................332 et 333		J 3	212
Lamontagne, Emérante	345	J 2	40
Lachapelle, P. P., héritiers.............	15	L	660
Labrecque, A. et A., commerçants......	48	O	400
Lauzon, Vve Jacques, née Marie Gariépy................	54	N	100
Laporte dit Richelieu, Jos...............	455	H	66
Labonté, J. Bte......................	30	N	64
Laferté, Joséphine......................	54	F	$\frac{1}{2}$ 200
Laurent, David, peintre..................	97	N	100
Larochelle, Denis, marchand..............	78	J 1	210

	No	Section	Pieds
Lacoste, Jos	92	N	64
Latreille, Ls Frs, commerçant	87	N	56
Lauzon, J. Bte, tailleur de pierre	207	N	100
Labelle, Toussaint, brasseur	101	N	⅓200
Labrèche, Olivier	131	N	54
Larocque, Alf., bourgeois	75	E	½1000
Laframboise, l'Hon. Maurice	115	E	970
Larivière, Vve Césaire	358	J 3	50
Lanthier, F. X., commis	91	B	½248
Labonté, Ubalde, charpentier	31	N	68
Larchevêque, Stanislas et Pierre	328	N	100
Larue, Magloire, tailleur	158	N	150
Lamère dit Rapidieu, Emélie	364	N	50
Labonté, David, tailleur	9	N	½225
Lapierre, Zéphirin, marchand	5	N	270
Laurin, Alp., officier de douane	393	N	113
Labranche, Napoléon, major	153	N	200
Labelle, Augustin, héritiers	569	N	200
Lacroix, Marcien, charretier	386	N	64
Lamarche, Jos., fils, teneur de livres	337	N	50
Lauzon, Chs, marchand	101	E	210
Ladouceur, Jos., épicier	342	N	½103
Latour, Sébastien, Vve	127	E	⅓225
Latour, Sébastien, fils, entrepreneur	127	E	⅓225
Lanthier, Frs O. et Louis J. O	611	N	200
Lapointe, Prospère, commis à la poste	675	N	130
Lagrenade, Etienne, tailleur de pierre	215	J 3	½162
Lapierre, Chs B., huissier	8	L	200
Laplante, J. Bte, imprimeur	702	N	⁄132
Labelle, Sévère, marchand de cuir	571	N	½230
Lapierre, Chs Cyrille, contracteur	780	N	200
Lafranchise, George, commerçant	844	N	1⅕5 100

	No	Section	Pieds
Lavoie, Armand, charretier..	855	N	100
Langelier, F. X., succession	575	N	265
Lapierre, Philéas, commis de douane...	939	N	208
Lalumière, Isaïe, peintre	910	N	50
Lagacé, Octave, employé de la Fabrique N.-D.	210	F	200
Lavoie, O. M., peintre	609	N	½ 200
Laprairie, Adolphe, charpentier	958	N	50
Lamoureux, Vve Chs, née D. Chartrand	645	N	65
Lauzon, Chs, commerçant	632	N	50
Laurier, Médéric, menuisier..		T	½ 480
Latour, M., commis	1018	N	248
Lamalice, P. E., commis	1075	N	100
Lafrance, Jos., boucher	1025	N	100
Larochelle, Pierre, Dame, née M. Salomon	1107	N	50
Lachance, Napoléon, commerçant	1079	N	¼ 210
Lamy, Pierre, marchand.	1201	N	100
Laurin, Théop	97	K	120
Labelle, Romuald, commis	1252	N	½ 162½
Lacasse, André et Alb. Jules Bertrand	1245	N	108
Lamoureux, Jos., commerçant	33	P	100
Lamy, Dame Vve N. C., née Oliva Lesieur	80	P	50
Lapierre, Jules, marchand de lait	157	P	50
Labelle, J.Bte, et P. E. Auguste, marchauds	92	E	320
Lamoureux, Frs, commis	51	P	½ 224
Labelle, Louis, marchand	177	P	100
Laurencelle, Guillaume, entrepreneur..	21	P	248
Laviolette, C. F. G., commis	108	P	100
Larochelle, Barthélemy, teneur de livres	908	N	50

	No	Section	Pieds
Lahaie, Louis, cordonnier	201	P	100
Lafleur, Sévère, boulanger..................	53	P	½ 200
Lachapelle, André, épicier..................	125	H	56
Lavoie, Frs, cordonnier......................	281	H	100
Lamarche, Félix, Pierre et Emélie Lamarche	221	P	100
Lafleur, Jos., boucher	337	P	50
Lahaie, Hyacinthe, menuisier	269	P	½ 196
Lanctot, Edm. Arthur, marchand	251	P	100
Lamontagne, J.Bte, march. de grains...	352	P	100
Lapierre, Alp., marchand de chaussures	263	P	½ 200
Laforest, Fabien, bourgeois................	324	P	½ 200
Lamothe, Honorius, commis	306	P	72
Labelle, Pierre, hôtelier	359	P	100
Lapierre, Touss., marc. de chaussures..	263	P	½ 200
Laflamme, Edm., couvreur.................	494	P	50
Lacasse, Benj., plombier..................	581	P	100
Latouche, André, menuisier	332	P	64
Laurence, Frs, commis	585	P	100
Langlois dit Germain, Eléonore et Marie	512	P	64
Lachapelle, Raphaël, menuisier..........	713	N	80
Larose, Auguste, bourgeois................	84	C	600
Larue, Narcisse, architecte..............	1256	P	50
Lacombe, Jos., jardinier..................	21	U	½ 50
Lacombe, Patrice, N.P...................	41	J 2	124
Laurier, Jos., Vve......................	337	J 3	50
Laurendeau, Philippe, tabaconiste	352	N	100
Lauriault, Jos..........................	391	N	⅓ 100
Lapierre, Vve Etienne, née Verdon......	737	N	100
Laberge, Frs, tailleur de pierre..........	947	N	20
Lacoste, Chs, avocat	630	P	200
Langlois, Chs, épicier....................	660	P	176

	No	Section	Pieds
Laplante, J.Bte, jardinier......................	767	P	62
Lafleur, Vve, née Philomène Parent.....	164	B	64
Laflamme, J.Bte, jr.; marchand	937	P	157
Laroche, Michel, bourgeois	833	P	100
Larue, Adolphe, couvreur	918	P	50
Laberge, Zotique, tailleur de pierre......	903	P	50
Lamoureux, Philomène........................	893	P	50
Laurier, C. H., menuisier...................	863	P	50
Lanctot, C. B., marchand	29	D	$\frac{1}{2}$ 200
Larin, Frs, hôtelier...........................	700	P	$\frac{1}{2}$ 250
Landry, J.Bte, notaire......................	856	P	$\frac{1}{2}$ 65
Laferrière, Philippe, agent d'assurance	856	P	$\frac{1}{2}$ 65
Lafrance, J. et Casey.........................	938	P	$\frac{1}{2}$ 100
Lacoste, Auguste, charretier...............	910	P	71
Laberge, Lucius, marchand..................	941	P	100
Lafond, Antoine	978	P	150
Lambert, Sophronie (Lamontagne Epse)	981	P	50
Langlois, Alexandre, machiniste.........	1015	P	50
Lamarche, J. N..............................	1025	P	50
Lacroix, A. D. instituteur	138	T	245
Laviolette, J. G., l'honorable	53	B	228
Lauzon, Alf., marchand......................	97	B	153
Lacoursière, Frs, épicier....................	167	B	$\frac{1}{2}$ 100
Labelle, Jos., contre-maître...............	323	P	$\frac{1}{3}$ 300
Labelle, Alph., confiseur...................	323	P	$\frac{1}{3}$ 300
Lauzon, Vve Cyrille	1101	P	50
Lareau, Vve J. E..............................	969	P	117
Labonté, Vve Louis, née Marcelline Labranche	1065	P	100
Lanthier, J. G., commis-voyageur........	165	B	$94\frac{1}{2}$
Lauzon, H. R., relieur......................	171	B	100
Lamontagne, Elzéar, emp. au greffe.....	211	J 2	24

	No	Section	Pieds
Larivée, Arsène..........................	173	B	½ 100
Labrecque, Octave, tailleur...............	346	J 3	100
Lapierre, Chs J. M. M.....................	301	J 2	24
Lafond, Jos., commis.....................	887	P	100
Laporte, Hormisdas, épicier...............	1138	P	½ 100
Lapierre, P. M., rentier et Vve Dosithée Cusson	111	B	½ 80
Lamouche, Narcisse, charretier............	1185	P	50
Lalonde, Chs F., manufacturier et Lalonde, Noël C., photographe...........	87	T	474
Lamoureux, Sinaï, tailleur de pierre.....	736	P	½ 100
Lapointe, F. X., entrepreneur..............	773	P	100
Lafortune, Urgel, marchand	1265	P	50
Lamontagne, Guillaume, meublier ..,...	38	T	90
Lajeunesse, Jos., hôtelier...................	50	T	54
Lafontaine, Louis et Jos., coiffeurs...	1220 et 1221	P	99
Lapointe, Jos., navigateur................	862	P	50
Lauzon, Félix, bourgeois	788	P	½ 208
Lanctot, Chs, machiniste..................	1255	P	50
Larue, Léon, tabaconiste	669	P	200
Lavergne dit Renaud, Jules, gardien....	39	T	100
Larose, Anatole, emp. civil................	30	T	½ 152
Labrèche, Viger, Jos........................	1370	P	50
Lavallée, Rév. Ls Moïse, curé de St-V. de Paul...........................	1321	P	111
Lamarche, Henri, ferblantier...............	1326	P	86
Lacroix, Chs, forgeron	1363	P	112
Larose, Louis, boucher	1410	P	½ 155
Lamoureux, Dame Jos., née Dél. Caron	307	N	50
Lafleur, J.Bte, charretier...................	70	T	53
Lafrance, Antoine, meublier	148½	J 3	50
Lalonde, Césarée............................	69	T	51

	No	Section	Pieds
Laurier, Macaire, marchand	85	T	181
Lavoie, Félix et Isaie et Jules, Félix.....	182	B	¾ 200
Labelle, Vve Touss., née B. Boulanger..	1442	P	50
Laprairie, J.Bte, menuisier..................	1571	P	96
Labelle, Vve J.Bte, née Emérance Le-claire..	1494	P	100
Lamère, J.Bte, succession....................	1412	P	114
Lalonde, Alph., charretier..................	1543	P	50
Lafortune, Pierre, ingénieur	1480	P	64
Lafrenière, E. J., cordonnier...............	1373	P	100
Larin, Louis, hôtelier	28	J 1	200
Labrèche, Wilbrod, boucher	1469	P	50
Lacombe, Trefflé, commis....................	210	K	50
Lamoureux, Toussaint, briqueteur........	304	N	½ 100
Laberge, Louis, marchand..........	125	K	100
Lapierre, Adolphe, machiniste	45	F	200
Lamontagne, Gustave Arthur........	128	K	100
Lauriau et Zotique, marchands............	121	K	50
Lachance, Séraphin, pharmacien.........	140	K	100
Lafleur, J.Bte, avocat	139	K	101
Lafleur, Clément, cordonnier. ....:....	110½	T	217
Larose, Maxime, tabaconiste	115	K	½ 100
Latreille, Jos., tailleur de pierre..........	437½	N	½ 183
Lapointe, Ls A., sr. et jr., hôtelier	136	K	102
Larivée, Ferd., gardien de l'ascenseur de N.-D.....................................	347	J 3	100
Lamoureux, Ludger, charretier............	124	P	½ 50
Lamoureux, Azarie, menuisier	124	P	½ 50
Lachapelle, Amédée, forgeron	140	P	64
Lamoureux, Gédéon, menuisier............	26½	C	½ 116
Lamoureux, Ovide, maçon...................	306	N	64
Langevin, Alexandre, commerçant......	1559	P	82

	No	Section	Pieds
Larue, Edouard, commerçant............	156	F	100
Latour, Jos D., cordonnier...............	448	P	100
Lapierre, Dominique, carrier............	305	N	64
Lavallée, Alexis, charretier	87½	J 2	62
Landry, Maxime, cordonnier............	852	N	50
Lalonde, J.Bte, forgeron..................	457	N	159
Lacroix, Hormidas, typographe..........	459	N	157
Lamothe, Désiré, forgeron...............	521	N	64
Labonté, Jos., sr. et jr., Pr. Transfer ...	929	P	88
Laflamme, Jos., machiniste	42	R	½ 416
Labonté, Nap., garde-magasin	223	R	100
Lapierre, Jos., charretier	106	R	⅓ 126
Labbé, P. et N. E., courtiers.............	10	R	224
Laliberté, Dame Flavien, née Edesse Langevin	29	A	500
Lamoureux, Jos, manufacturier	11	R	272
Larchevêque, Alexis, tailleur de pierre	116	R	56
Labelle, Camille, commis..................	80	R	⅓ 100
Laurin, Alf, hôtelier......................	30	A	300
Laflamme, Pierre, charron...............	181	R	100
Laniel, Michel	72	R	100
Laurin, Cyrille, agent d'assurance	31	A	½ 355
Langlois, Vve Ludger....................	241	R	82
Lanthier, Adélard, couvreur	1324	P	½ 87
Lachance, Oswald, commerçant..........	1079	N	210
Latreille, F. L., boucher.................	121	T	420
Labelle, J.Bte, épicier	509	P	170
Landry, Ulric, architecte	614	H	56
Lacroix, Louis et Paul	108	G	100
Langlois, Marie	783	H	56
Laurent, Dame P., née Célina Plante...	752	H	56
Laberge, Zotique, journalier.............	7	G	1⅕ 200

	No	Section	Pieds
Lapierre, Alf., tailleur de pierre...........	60	G	100
Laroche, Hormidas et David..............	810	H	56
Lavallée, Paul, menuisier...................	736	H	$\frac{1}{2}$56
Laporte, Frs, tailleur de pierre...........	770	H	56
Laporte, Louis, tailleur...................	771	H	56
Lamalice, André, commis..................	104	G	100
Lacombe, Vincent, architecte............	54	G	133
Langevin, A. S., marchand...............	12	G	266
Lapointe, Esdras, hôtelier	703	H	63
Lamarche, Clodomir, commis..	98	G	100
Lapierre, Vve Ferd., née E. Charest.....	70	G	70
Lavigne, Chs, commis....................	628	H	56
Labelle, J. O., marchand................	544	N	80
Lavallée, Vve Michel.....................	629	H	56
Lauriault, Ildège.......................	101	G	100
Léveillé, Jos., machiniste.................	630	H	56
Léveillé, Jos., meublier...................17 et 18		D	456
Leblanc, Vve Simon.......................	41	H	$\frac{1}{3}$63
Lefaivre, F. X...........................	76	P	867
Létang, Issac............................	202	H	64
Lemoine, Pierre..........................	296	H	112
Levesque, Jos............................	398	H	$\frac{1}{2}$100
Lepailleur, F. M.........................	43	J 1	$\frac{1}{2}$300
Leblanc, Julien.........................	31	J 1	289
Lenoir, J. Bte..........................	7	J 2	122
Lecomte, H. H..........................	61	J 2	$\frac{1}{2}$122
Leroux, Ferd...........................	30	J 2	150
Letondal, Paul..........................	145	J 2	100
Lefebvre, Honoré........................	101	J 3	216
Leclaire, Jean Marie.....................	162	J 3	64
Lebert, Jos. O..........................	188	J 3	$\frac{1}{2}$200
Lévy, Jos., commerçant..................	47	D	200

	No	Section	Pieds
Leblanc, Frs, bourgeois	90	F	100
Lepage, Germain	2	E	½ 200
Lefebvre, Michel, brasseur	29	F	200
Leprohon, Léon	126	F	100
Leduc, Ls, bourgeois	213	F	200
Léveillé, Jos., pilote	18	F	108
Leclaire, P. E	24	B	600
Lenoir, Rolland, Gab., commerçant	41	B	2 10
Leblanc, C. A	69	C	563
Lescarbeau, J. Bte, commerçant	86	C	400
Leclair, Frs, marchand	72	C	775
Leprohon, Edouard M. et Jean S	10	J 1	500
Leblanc, Jos., commis B. J. C	7	L	166
Leblanc, Germain, épicier	108	F	100
Leduc, Prudent, finisseur	194	J 3	100
Lecavalier, Frs, menuisier	93	J 1	50
Leblanc, Vve Louis	135	J 1	100
Lépine, Jos., épicier	139	J 1	50
Lemieux, Pierre, cultivateur	73	E	136
Levesque, Antoine, officier de douane..	95	D	200
Leduc, Jos., commis	14	L	100
Lespérance, famille	16	L	100
Leblanc, J. Bte, menuisier	339	J 3	100
Lemay, Frs Ls et David, commerçants..	3	N	203
Lemaire dit Germain, Pierre et Ls N. Réel	117	E	330
Léveillé, Arcade, commis	47	N	88
Lesage, Ls, ingénieur	3	E	200
Lespérance Alp., marchand	228	F	144
Lesage, Simon, architecte	14	E	196
Leclaire, Jean Marie, Adolphe et Elisée.	429	N	¾ 200
Lefebvre, Olivier, épicier	426	N	156

	No	Section	Pieds
Lemay, Pierre, forgeron.....................	403	N	$\frac{1}{3}$ 173
Leroux, Victor............................	308	N	50
Lespérance, Vve Jean.....................	637	N	50
Leduc, Alp. et Leblanc, Moïse, marchands..................	681	N	50
Lepage, David, marchand..................	700	N	200
Leclaire, Bernard, charretier.............	740	N	100
Lecavalier, F. X., marchand..............	241	J 2	$\frac{1}{3}$ 246
Leblanc, Isaïe, boucher......................	796	N	100
Leduc, Frs X., cultivateur..................	120	B	200
Lefaivre, J. B., Jules et Louis Joseph, commis ....879 et 880		N	$\frac{3}{4}$ 400
Léveillé, Sophie, couturière................	959	N	84
Ledoux, Bruno, voiturier...................	926	N	200
Lemieux, Augustin, charretier............	166	B	100
Leprohon, E. A., architecte..............	20	L	$\frac{1}{2}$ 408
Leduc, Jos., cordonnier....................	689	N	86
Lépine, Pierre, sellier....................	901	N	100
Lespérance, Frs, meublier...................	1054	N	50
Legendre, L. O., marchand................	1014	N	$\frac{1}{2}$ 200
Lefort, Emile, marchand..................	1010	N	$\frac{1}{2}$ 200
Ledoux, Frs, voiturier......................	1123	N	200
Lefebvre, Antoine, hôtelier	415	N	$\frac{1}{3}$ 178
Lecours, Olivier, marchand...............	881	N	$\frac{1}{2}$ 200
Lefrançois, Philorome, cordonnier.......	488	N	90
Léonard, Pierre, rentier....................	44	P	100
Leblanc, Magloire, commerçant de bois.	123	P	50
Leblanc, Jos., menuisier....................	183	P	100
Leduc, Clément.........................	55	F	100
Leblanc, Olivier, cordonnier..............	320	P	50
Leroux, Adolphe, marchand..............	50	P	$\frac{1}{2}$ 200
Leclerc C. Edouard, notaire..............	227	P	50

	No	Section	Pieds
Lemire dit Marsolais, Elizabeth...........	9	Z	24
Levert, Honoré, entrepreneur..............	436	P	64
Légaré, Jérémie, jardinier.................	257	P	$\frac{1}{2}$ 300
Leduc, F. X., jardinier.....................	351	P	$\frac{1}{2}$ 100
Lefaivre, Chs. H., négociant..............	53	F	100
Lesage, Ludger Edouard, agent...........	549	P	50
Leblanc, Toussaint, storeman..............	540	P	64
Lefebvre, Octave, cordonnier..............	416	N	$\frac{1}{2}$ 160
Lefebvre, Benjamin, épicier...............	584	P	100
Lefebvre, Etienne, menuisier..............	416	N	$\frac{1}{2}$ 160
Leduc, E. Dominique, boucher............	420	N	$\frac{1}{2}$ 150
Léonard, Cath., Vve M. Charbonneau..	52	P	200
Lespérance, héritier de Falon	90	D	100
Leduc, Joseph, héritiers...................	100	F	100
Lecavalier, Télesphore....................	241	J 2	$\frac{1}{3}$ 246
Lebrun, F. X...............................99–100		N	$\frac{1}{4}$ 432
Leclaire, Isidore, marchand................	232	P	330
Lefebvre, Jérémie, plâtrier.................	22	P	80
Leroux, Zotique, boucher..................	824	P	$\frac{1}{2}$ 197
Lesieur, Oliva, Vve W. C. Lamy.........	80	P	50
Leduc, Polydore, charpentier..............	633	P	50
Lessard, Luce.............................	21	Z	24
Lechevalier, Alfred........................	431	P	64
Lemay, Hubert, Vve, née Félicité Clavel	1000	P	50
Lesage, Napoléon, commis.................	14	E	$\frac{1}{2}$ 196
Lefort, A., commis	971	P	$\frac{1}{2}$ 122
Lefebvre, Eustache, conduct. de malle..	1007	P	100
Lefebvre, Magloire, commerçant	979	P	64
Lefebvre, Joseph..........................	1020	P	50
Legault dit Deslauriers, Damase	181	F	100
Lévesque, Thaddée........................	873	P	100
Leblond de Brumath, J. A., professeur.	288$\frac{1}{2}$	H	50

	No	Section	Pieds
Legault dit Deslauriers, Jos., ferblantier	118	B	$\frac{1}{2}$135
Léger, Agnès	116	B	$\frac{1}{2}$129
Léger, Antoine, briqueteur...,..............	116	B	$\frac{1}{2}$129
Lemieux, Pascal, charretier.................	156	B	72
LeBlanc, Josué, menuisier...................	1076	P	50
Lemire dit Marsolais, Charles, Vve, née Emilie Charest	183	B	200
Lemieux, Vve Antoine........................	670	P	200
Lesage, Simon, emp. à la corporation...	503	H	36
Lemieux, Pierre, sellier .... } Lemieux, Aldéric, machiniste..........,. }	144	B	205
Lebrun, Honoré, marchand	181	B	200
Legault dit Deslauriers, Ferd. et David.	220	P	110
Lefebvre, Vve Jos., née Joseph. Bédard	1258	P	50
Lecompte, Geo., bourgeois..................	19	C	273
Lebeuf, Calixte, avocat......................	10	S	300
Leblanc, Alfred, contre-maître......	62	T	46
Lemieux, Pierre, manufacturier...........	664	P	$\frac{1}{2}$115
Lefebvre, Alphonse, forgeron..............	1365	P	$\frac{1}{2}$50
Lespérance, Alphonse, boucher...........	697	P	200
Legault, Stanislas, forgeron	529	P	$\frac{1}{2}$200
Lemay-Delorme, Elie, cigariste...........	485	N	100
Lépine, Dolphis, boucher....................	377	J 3	50
Lefebvre, Angèle................................	1525	P	42
Letourneux, Chs H., marchand de fer...	162	T	$\frac{1}{3}$160
Letourneux, J.T., marchand de peinture	162	T	$\frac{1}{3}$460
Leblanc, J. Bte, menuisier	165	T	200
Lemay dit Delorme, Thos, charretier ...	1517	P	50
Lenoir et frères.................................	127	T	360
Legault, Pierre, épicier......................	824	P	$\frac{1}{2}$197
Lefebvre, F. X., charretier	434	N	166
Ledoux, David, carrossier...................	1080	N	145

	No	Section	Pieds
Lemire, Vve Geo., née Marie-Lse Gérard	821	P	100
Léveillé, Narcisse, tailleur....................	180	K	50
Léveillé, Grégoire, plâtrier...................	168	K	50
Lessard, Roger, manufacturier............	127	K	101
Leblanc, Prosper, forgeron...................	130	P	64
Lefrançois, Geo., marchand.................	515	P	98
Léveillé, Moïse, peintre.......................	199	K	50
Lebeau, Adolphe, menuisier	165	K	50
Lemieux, Arthur, boulanger..............	822	P	200
Leblanc, Joseph, forgeron...................	138	K	101
Lebrun, Charles et Napoléon, épiciers..	185	K	101
Léger, Jules, briqueteur	272	P	$\frac{1}{2}$ 212
Lespérance, Henri, comptable..............	321	P	200
Legault, Vve Moïse, née Marie Sarazin.	367	P	100
Lemieux, Louis, menuisier...................	106	R	$\frac{1}{3}$ 126
Lemieux, Joseph, charretier...............	106	R	$\frac{1}{3}$ 126
Leclerc, Euchariste, épicier...............	134	R	100
Leclerc, Pascal, officier de douane.......	80	R	$\frac{1}{3}$ 100
Lefebvre, Vve Joseph Alfred...............	209	R	56
Leclair, Philomène.............................	199	R	56
Legault, Eustache, journalier..............	225	R	$\frac{1}{3}$ 100
Legault, Napoléon, journalier.............	225	R	$\frac{1}{3}$ 100
Lespérance, Joseph.............................	146	R	65
Lebrun, Eugène.................................	167	R	56
Lemonier, Eugène..............................	153	R	56
Leclair, George, commerçant..............	143	R	56
Lépine, Eugène, cuisinier....................	104	R	100
Leroux, Napoléon, marchand...............	220	R	100
Leduc, Jos., Jos., Julias et Philorome...	202	R	100
Lepage, Louis, menuisier.....................	239	R	87
Leduc, Joël, négociant	115	T	746
Limoges, F. X., cordonnier	57	N	68

	No	Section	Pieds
Limoges, Arcade, machiniste...............	391	N	100
Limoges, Jacob, peintre...................	811	N	64
Loyer, Sophie, épouse de Jos. Brais......	357	H	48
Loignon, Denis...........................	432	H	61
Loignon, Bruno...........................	167	N	256
Loranger, T. J. J., juge...........91 et 93		D	400
Longpré, Louis, boulanger.................	127	F	100
Loiselle, F. X., tailleur.................	235	F	200
Loiange, Olivier, épicier.................	85	J 1	150
Lord, Jean Louis, commerçant.............	359	J 2	100
Lionais, Hardouin, bourgeois.............	24	C	295
Longpré, Daniel, ferblantier.............	229	H	100
Lognon, Guillaume, Vve...................	635	N	50
Lortier, Léon et Pierre, sellier et menuis.	576	N	$\frac{2}{3}$318
Longpré, F. X. et Nap., plâtrier..........	900	N	100
Loiseau, Michel, pêcheur.................	693	N	78
Loiselle, Amable, gard. du Palais de Jus.	346	P	100
Loignon, J. Bte.................298 et 299		P	108
Lorain, Ovide, marchand..................	109	B	147
Livernois, Louis, commerçant.............	265	N	100
Limoges, Joseph, marchand...............	861	P	50
Lorge, J. B., chapelier..................	667	P	$\frac{1}{2}$288
Lorange, Joseph, épicier.................	176	B	434
Lorance, Octave et A., menuisiers.......	35	A	459
Loranger, L. O., juge....................	141	D	300
Lord, A. G., courtier....................	386	O	240
Lippé, Camille, épicier..................	1565	P	$\frac{1}{2}$95
Loiselle, Hormidas, boulanger............	1440	P	50
Longtin, Malvina........................	59	T	64
Lizotte, P. N., épicier..................	53	G	$\frac{1}{3}$100
Lussier, Ls.............................	534	H	56
Lussier, Ls.............................	89	D	200

	No	Section	Pieds
Leblanc, Toussaint..........................	540	P	64
Lenault, Jos	1039	P	½ 100
Lusignan, Alexandre..	27	L	619
Lajoie, Rémi, forgeron...................	403	N	173
Lachapelle, J. J............................	574	N	250
Laurent, dit Lortie, Léon Pierre...........	576	N	318
Lanciault, Adolphe, Vve	245	P	100
Lafond, Stanislas	1059	P	100
Laurent, O., marchand...................	109	B	147
Lavallée, Olivier, cultivateur	109	R	100
Louis et Paul, menuisiers.................	108	G	100
Lafrenière, Jos., marchand	77	G	100

M

	No	Section	Pieds
Malette, Jos., boucher	158	N	½ 150
Martineau, Nap., boulanger................	37	P	64
Marion, Vve Jos............................	464	P	100
Marsolais, A. L. R.........................	183	B	200
Mathurin, Jos., tailleur...................	522	P	½ 200
Marsolais, Vve Chs..........	183	B	½ 200
Maillé, F. X. Elie, hôtelier..............	283	J 3	50
Mainville, Rose, épse Jos. Corbeil........	26	D	½ 262
Marcil, Edouard, épicier	646	P	160
Martin, Esther, Vve N. Patenaude........	1447	P	50
Mailhot, Horace...........................	24	K	300
Meunier, Frs, Vve, dit Lagacé	35	P	66
Mousseau, Jos. A., professeur.............	392	O	300
Meunier, David et Pierre..................	201	H	100
Monette, Pierre...........................	145	H	64
Montmarquet, Frs-Xavier, boulanger...	1, 2, 3	L	⅓ 600
Moisan, Jos. et Frs-Xavier, marchands..	18	U	200
Monument des Victimes de 37	67	B	

	No	Section	Pieds
Moussette, S. P. et Georges, notaires ...25 et 26		¡P	208
Monette, George, menuisier..................	733	P	104
Morache, Alp., finisseur en fer..............	168	B	100
Monette dit Boismenu, Th., épicier	358	N	$\frac{1}{2}$100
May, Jos., Vve...........................	77	C	216
Maillé, Richard, née Julie Hébert.........	90	F	100
Maranda, Ls, Vve	352	H	34
Martin dit Versailles, Prosper..............	107	J 3	155
Martin dit Versailles, Naz...................	625	N	100
Marcotte, Vve Jos, née Tessier............	656	N	50
Marmeau, Jos., épicier......................	1068	N	258
Major, Toussaint, Vve......................	1126	N	50
Martin, Salomon	53	P	200
Marino, Jos...............................	1028	N	200
Martineau, George, commis-voyageur...	358	N	$\frac{1}{2}$100
Martin, Augustin, Vve	21	G	$\frac{1}{2}$213
Merrill, H. E. H.............................	27	C	452
Méloche, Guillaume, boucher	45$\frac{1}{2}$	J 1	150
Meunier, Vve Jos. Plamondon..............	154	P	109
Méloche, Edouard F., peintre-artiste.....	388	P	100
Messier, Gilbert, machiniste................	862	N	100
Mélançon, H..............................	166	J 3	100
Meunier, Pierre, hôtelier....................	959	N	84
Maguire, G. Normain, gent............	1	H	42
Malo, Eugène, menuisier....................	41	H	$\frac{1}{8}$63
Maranda, Frs	122	H	56
Malette, Jérémie............................	223	H	100
Mailloux, Pierre............................	244	H	100
Marsouin, F. X.............................	245	H	100
Martineau, Pierre............................	293	H	64
Mazurette, Salomon	366	H	100
Manuel, Délima, Vve de C.Giguère.......	492	H	66 8°

	No	Section	Pieds
Martin, Moïse	538	H	100
Malo, Ls..	43	J 1	½ 300
Marcot, André	49	J 1	½ 300
Maillet, Antoine	63	J 1	½ 204
Maillet, Isaac	35	J 2	124
Marcot, Adolphe	85	J 2	100
Mallette, L. Z., entrepreneur..............	74	J 2	150
Maggio, Camille	178	J 2	88
Marchand, Louis, marchand ....74 et 76		D	503
Machelose, Marie J.............................	19	D	216
Mathieu, Pierre	94	D	200
Martin, P., marchand	9	F	210
Mainville, J.Bte, maçon	220	F	100
Martin dit Versailles, Jacques.............	249	F	144
Masson, Damase, marchand.................	34	B	400
Marien, Narcisse	78	B	100
Masson, Wilfrid....................................	47	J 3	½ 488
Matha, Célestin, boulanger	215	J 3	½ 162
Masson, Chs	341	J 2	100
Martinalli, Jos., jardinier....................	234	F	100
Marcoux, Jean L., chapelier	147	J 1	50
Martin, Ls S., notaire..........................	36	C	200
Mailloux, Octave..................................	28	N	50
Malo, Jean, Menuisier	161	T	498
Matha, Frs, Vve, née Joséphine Corbeil	218	T	54
Malo, Isaïe, cordonnier	206	J 3	104
Martin, J.Bte, hôtelier.........................	576	N	⅓ 318
Malbœuf, Arthur, officier de douane....	965	N	50
Martin, Lud., frère Basilisse................	138	J 1	50
Marsan dit Lapierre, Jos., manufact.....	902	N	½ 100
Marion, Vve Alexandre, née Sho. Girard	1056	N	64
Martineau, Ulric et E. A....................	173	N	211

11

	No	Section	Pieds
Mathurin, Nap., tailleur	771	N	¼ 142
Mainville, Pierre, tailleur de pierre......	96	P	100
Mathieu, Narcisse, cond. de chars	117½	P	108
Magnan, Benj., rentier......................	54	P	184
Massicotte, O. H., épicier	179	P	100
Malo, F. X., tailleur.........................	185	P	100
Masse, J.Bte, menuisier.......	97	P	100
Martin, Salomon, commerçant	53	P	½ 200
Marchand, Médéric, Vve, née M. Lemir	221	N	100
Marion, Léon, marchand de fruits........	123	D	120
Martin, Jérémie, homme de cour	437	P	64
Marois, Alf., marchand-libraire	497	P	50
Martel, Jos., épicier	523	P	½ 200
Marcil, Edouard, épicier....................	646	P	160
Marcotte, Vve Jos., née H. Tessier	656	N	50
Mainville, Philéas, N. P....................	906	N	100
Major, Esther, Vve H. Bussière............	180	P	100
Marion, Amable, entrepreneur-maçon...	314	P	100
Magnan, Ls, commis	815	P	50
Martin, J.Bte A., teneur de livres	796	P	100
Mathieu, Trefflé	719	P	½ 100
Mallard, Léon, Vve............................	427	P	100
Mathieu, J.Bte, journalier..................	303	N	100
Martel, F. X, épicier.........................	973	P	100
Machelosse, C. N., commis..................	609	P	½ 200
Malouin, Lia, Delle...........................	465	H	57
Madore, Vve Alexandre, née Flavie Gareau	1169	P	50
Moreau, Anastasie et Marie-Louise........	1186	P	50
Marsolais, Gilbert, marchand	1067	N	⅓ 234
Martin, Daniel, tailleur de cuir............	1227	P	58
Maurice, P. E., barbier	876	P	60

	No	Section	Pieds
Marcil, Vve A........................	1280	P	50
Marin, Onésime, N.P.................	37	T	91
Marion, J. B., N.P..................	533	H	50
Mathurin, Moïse, tailleur............	212	P	100
Marois, Chs, machiniste	1314	P	102
Malo, Augustin, menuisier...........	1365	P	½ 50
Mayrand, Léandre, Vve	94	T	300
Malo, Eugène, entrepreneur..........	129	T	373
Masson, Vve T. X., née Luce Joubarne.	64	T	51
Madore, Jos. A., commis............	12	S	250
Martel, Camille, négociant..........	114	H	100
Martel, Eugène, boucher............	1572	P	88
Massé, Godefroi, huissier...........	1425	P	71
Martin, Chs, journalier.............	1501	P	50
Marquette, Honoré, cordonnier.......	1568	P	50
Majeau, Jos., épicier...............	39	O	186
Malbœuf, Frédéric, charretier.......	1498	P	50
Mathieu, Onésime, charpentier.......	304	N	½ 100
Martin et frères...................	152	K	70
Major, Adolphe, hôtelier	269	P	½ 196
Manseau, Jos. A., professeur........	392	O	200
Martel, Dolphis, boucher	197	K	78
Martel, Eugène, machiniste..........	217	P	100
Martel, George, boucher............	1044	P	80
Mazurette, J. B., tailleur de pierre...	21	R	234
Malouin, Ls, Malvina et Virginie.....	3	R	196
Maillé, Zoé	212	F	100
Marsouin, F. X., commis	80	R	⅓ 100
Maranda, Arthur...................	198	R	56
Malo, Ovide, tailleur...............	240	R	61
Marchand, Philippe................	597	H	½ 56
Martin, Vve Aug. et Célina Desjardins.	21	G	½ 213

	No	Section	Pieds
Malo, Octave, boucher	569	H	100
Martineau, J. Bte, entrepreneur	769	H	100
Malhiot, Cyprien, plâtrier	719	H	56
Mallette, A. P	1189	P	50
Matte, Vve Athanase, née Miller	686	H	56
Martineau, Frs, marchand	112	G	100
Maisonneuve, Hilaire, forgeron	670	H	56
Ménard, J. Bte, sculpteur	126	H	66
Ménard, Louis, tailleur de pierre	427	H	69
Mercier, Pierre-Alexis	47	J 1	$\frac{1}{2}$300
Meilleur, J. Bte, M. D	229	F	200
Mercier, Nazaire, commerçant	159	F	200
Ménard, Louis	36	B	1$\frac{1}{5}$ 446
Ménard, Frs, homme de police	95	J 1	100
Mercil, Adolphe, peintre	244	J 2	162
Mélançon, Claude, marchand	110	J 3	200
Mercier, J. O, épicier	149	F	$\frac{1}{2}$ 320
Méloche, Samuel, driver	64	N	$\frac{1}{2}$ 100
Meunier, Jos., charretier	480	N	$\frac{1}{2}$ 200
Mercier, Jos., menuisier	941	N	$\frac{1}{2}$ 200
Meunier, Jos., tailleur de pierre	9	P	70
Méloche, Toussaint, commerçant	1117	N	50
Messier, Amable, emp. G. T. R	42	P	50
Meunier, Alfred, M. D	51	P	$\frac{1}{2}$224
Meyer, Edouard	1	J 1	90
Méloche, Félix, forgeron	1116	N	50
Meunier dit Lapierre, F. X	939	N	158
Meunier dit Lafleur, Jean et Pierre	16	D	$\frac{1}{2}$200
Mercier, Félix, carrossier	223	J 3	$\frac{1}{2}$204
Mercil, Edouard, forgeron	866	P	100
Ménard, J. Bte et frères	379	O	589
Méloche, Alp., finisseur	168	B	100

	No	Section	Pieds
Mercier, Edouard, manchonnier............	276	J 2	100
Merello, Antoine, bourgeois..............	848	P	98
Mérinault, Jos., épicier....................	1068	N	$\frac{1}{2}$259
Mercier Ed., officier de douane	109	E	100
Méloche, Wm, boucher....................	45$\frac{1}{2}$	J 1	$\frac{1}{2}$150
Meilleur, A. L., marchand	1554	P	100
Ménard, F. X., cordonnier...............	1490	P	$\frac{1}{2}$102
Mercier, Jos., carrossier..................	224	J 3	196
Meunier, Eusèbe, boucher..................	468	P	159
Méthot, Wilbrod, tabaconiste..............	190	R	56
Merleau, Aldéric, relieur..................	215	R	56
Ménard, P. B., épicier....................	9	G	$\frac{1}{2}$200
Millet, J. Bte...........................	160	J 2	24
Métivier, J. Bte.......................	16	D	$\frac{1}{2}$100
Miron, Julien.........................	125	F	$\frac{1}{2}$200
Millette, Louis, boucher...........328 et 329		J 3	103
Michie, David, Dme, née Léocadie Va-			
liquette.............................	932	N	$\frac{1}{2}$200
Milotte, Chs, marchand-tailleur...........	167	P	50
Minette, Marcelline, Vve Forget dit			
Dépaty...........	844	P	50
Mignault, P. B., médecin...................	1159	P	103
Miron, Vve Dosithée, née Rosalie Forest.	687$\frac{1}{2}$	N	50
Miron, Frs, cordier.....................	161	K	62
Milotte, Vve André, née Apolline Mi-			
laire.................................	73	R	100
Morin, P. H., bourgeois....................	73	H	48
Monette, Pierre........................	145	H	64
Morin, P. H., entrepreneur.................	236	H	88
Morin, Clément.......................	253	H	40
Montmarquet, Cyrille..................	272	H	128
Mireau, Michel.........................	351	H	104

	No	Section	Pieds
Montférand, Jos., Vve......................	488	H	48
Moreau, Narcisse..........................	52	J 1	202
Morin, Narcisse..........................	45	O	100
Mondou, Siméon, sec. de la Fabrique N. D......................	50	B	150
Molinelli, André..........................	177	J 2	88
Mongrain, Damase..........................	207	J 2	50
Mondelet, l'Hon Chs......................	12	K	500
Montmarquet, F. X......................	1	L	$\frac{1}{3}$ 600
Mousseau, Alexis, marchand..........	64	D	250
Monat, Louis..........................	46	F	200
Moses, Michel, peintre..................	87	F	200
Monette, Narcisse et Maxime..............	83	B	100
Moreau, Antoine..........................	4	L	200
Moreau, Vve L. A......................	28	K	396
Moretti, Pierre, barbier......................	14	K	250
Montmarquet, A. E., marchand	76	J 1	210
Morin, Louis E., tonnelier..............	33	B	200
Moreau, L. A., notaire......................	28	K	396
Montmarquet, A. E., bourgeois	25	L	1932
Morrisson, Pierre, ingénieur	266	J 3	50
Moreau, Joseph, Vve......................	122	N	94
Monet dit Boismenu, Emmanuel	199	N	170
Monet, François, charretier	175	N	201
Montreuil, Charles, rentier	589	N	$\frac{1}{2}$ 200
Moquin, J. B. et F. O., commis............	896	N	100
Montigny, Jos., Dme......................	967	N	50
Morin, Delphine......................	1042	N	50
Monet, Charles, commerçant..............	1074	N	100
Moses, André, peintre	589	N	$\frac{1}{2}$ 200
Monier, J. B., journaliste..................	84	P	50
Moussette, S. P. et Geo..................25 et 26		P	$\frac{1}{2}$ 208

	No	Section	Pieds
Monarque, Frédéric, tonnelier..............	243	P	100
Morneau, Cyrille, typographe..............	470	P	50
Monté, Joseph, cordonnier.................	636	P	50
Mouette, sr, Louis, boucher................	107	J 3	155
Moncel, Dame Vve, carrière	102	J 1	50
Moussette, Ambroise, officier civil........	787	P	100
Monarque, André, boucher	185	J 3	200
Morel-DeLadurantaye, Dame Vve, née			
Goyette	882	P	50
Moncel, Guill. Nap., teneur de livres...	11	T	200
Monette, Joseph, hôtelier...................	1003	P	$\frac{1}{2}$100
Mouette, Vve Victor......................	1008	P	$\frac{1}{2}$132
Moreau, Narcisse..........................	188	P	$\frac{1}{2}$100
Mangeau, Adolphe, bijoutier..............	1056	P	100
Morin, Olivier, mouleur	1208	P	50
Montbriand, Louis et Alex., fondeurs...	1318	P	104
Mousseau, Hon. J. A., juge.................	6	O	$\frac{1}{2}$491
Montreuil, Philomène......................	1298	P	50
Morin, Joseph H., commis	84	T	179
Monette Onésime, entrep.-briqueteur....	41	O	235
Moineau, Félix, forgeron..................	1376	P	50
Monarque, Léon, sellier....................	27	A	216
Monette, Frs, cultivateur..................	184	H	56
Monette, Zéphirin, journalier..............	118	D	71
Montmeny, Michel, forgeron	1545	P	50
Montplaisir, Alphonse, boulanger........	214¼	F	50
Montpetit, Louis, boucher.................	459	P	100
Montreuil, Antoine, journalier	206	K	81
Morin, Alexis, couvreur	1324	P	87
Morin, Jos., accordeur de pianos	236	R	56
Mondéhard, Emile, commis	182	R	100
Morier, Narcisse, cordonnier	594	P	50

	No	Section	Pieds
Montpetit, Thomas, charretier	96	G	½ 100
Monette, Maxime, tabaconiste	82	B	84
Mongenais, L. A., négociant...............	166	T	250
Meunier, Louis........	40	H	63
Meunier, David Pierre	201	H	100
Meunier, Augustin	90	J 3	½ 271
Munro, docteur, héritiers	193	J 3	100
Myette, Joseph, peintre..................	35	C	200
Munro, Daniel, fondeur.....................	608	N	200

N

	No	Section	Pieds
Niding, Julien, bourgeois....................	187	F	100
Normandeau, P. E., notaire..................	91	E	200
Normand, Cyrille, valisier.................	1499	P	50
Nantel, Trefflé...........................	54	J 1	½ 187
Naud, J. Bte, couvreur	209	N	50
Naud, Maxime, meublier....................	417	P	50
Naud, Jean, ass.-chef brigade du feu...	826	P	124
Nadeau, Louis Alexandre, commis	1123	P	100
Normandin, Adolphe, marchand	597	P	92
Naud, Augustin, pilote....................	27	G	200
Narbonne, L. J. N., comptable............	514	P	107
Naigle, Elisabeth...........................	673	H	56
Neveu, Alphonse, commis..................	660	P	½ 176
Neveu dit Lacroix, Joseph, maçon	829	P	50
Niquet, S., sergent de police	76	J 1	½ 210
Normand, Jacques	322	J 2	64
Noël, Elie et Antoine......................	27	H	98
Nourrie, Camille, sergent de police......	733	N	100
Normandin, Jos., commerçant de bois...	33	B	200
Normandin, Alexis	382	N	⅓ 100
Normand, Aurélie, Vve T. Saucier	525	P	200

	No	Section	Pieds
Normand, Cyrille, manufacturier.........	1499	P	50
Noël, Casimir, Onés., Télesph. et Elisée	384	P	176
Nolin, Aurélie..............................	627	H	56

O

	No	Section	Pieds
Olivon, Victor, restaurateur	113	K	106
Ouimet, F. X., aubergiste..................	46	H	21
Ouimet, Eusèbe	188	J 3	½ 200
Ouellet, Abraham, marchand	21	F .	200
Ouimet, Vve André	48	B	153
Ouimet, Gédéon, l'Hon.....................	22	B	480
Ouimet, Moïse, menuisier	730	N	146
Ouimet, J. Bte, cordonnier................	612	N	½ 200
Orsali, Vve Th.............................	8	N	½ 252
Ouellette, J. Bte H., gardien..............	1135	P	100
Ouellette, Vve A., née Philom. Deneau.	1193	P	50
Ouimet, Léandre, entrepreneur............	1207	P	50
Ouimet, Alexis, carrossier	794	P	184
Ouimet, Joseph, commerçant..............1332–1333		P	½ 108
Ouellette, Dame D., née P. Normandeau	57	R	100
Ouimet, juge Alp	32	A	355
Ouimet, Napoléon, hôtelier................	58	G	100

P

	No	Section	Pieds
Paris, Laurent, commerçant	200	H	120
Payette, Jos., épicier	213	H	100
Paul, Antoine.............................	277	H	48
Pavie, Frs	342	H	24
Paquin, Isidore et J. O....................	105	J 2	100
Papin, M. Marguerite et M. Julie	123	J 2	100
Papin, Louis..............................	183	J 3	100
Parent, Maxime	522	P	150

	No	Section	Pieds
Payette, Ls, Dme, née Gauthier..........	368	J 2	100
Paquette, Eusèbe, briqueteur...............	102	K	100
Parent, Jos., emp. de la corporation.....	102	G	½ 133
Perrault, Jérémie, marchand	140	T	1437½
Perrault, Ludger, cordonnier	1S3	B	½ 200
Perrault, Frs-Xavier........................	175	B	82
Pelletier, Ls, Vve, née A. Dubois.........	541	H	50
Pellerin, Louis Séraphin, Joseph, Isaïe, Prosper et George	370	J 3	144
Perrault, Didace, briqueteur	1319	P	104
Perrez, Cath., Vve N. Petitjean..........	267	N	50
Pilou, Ls, machiniste........................	644	P	80
Picard, Dme Eliz., épse Jos. Parent.....	31	P	100
Pallascio, Guillaume........................	102	J 3	216
Painchaud, Alexis, navigateur............	3	D	½ 255
Paré, Hubert.................................	41	D	333
Payette, François	32	D	203
Parent, Jos., marchand.....................	133	F	½ 100
Payette, Chs.................................	16	F	½ 200
Papineau, C. F. et D. E.....................	15	F	270
Papineau, J. M., meublier	144	N	205
Pariseau, Chs E.............................	131	F	100
Payette, Alexis et A. Desève..............	30	B	300
Papineau, Julien, épicier	309	J 2	100
Panet, juge, héritiers......................	58	F	100
Patry, Frs..................................	335	J 2	64
Parent, Jos., sellier	223	F	½ 200
Parent, Benj...............................	33	B	200
Paulin, Etienne.............................	265	J 3	100
Parizeau, Damase ....83 et 84		N	⅓ 208
Parizeau, Jos. et Stanislas.................	146	N	½ 216
Payette dit St-Amour, Alexis	483	N	259

	No	Section	Pieds
Patenaude et père	601	N	$\frac{2}{3}$162
Paquin, Jos., charretier..............................	385	N	64
Paré, J.Bte, bourgeois	704	N	120
Pauzé, Vitalien, commerçant................	993	N	100
Paquet, Alexandre, marchand	943	N	200
Paré, D. F., menuisier...........................	1023	N	100
Paquet, Adolphe, aubergiste.................	1090	N	88
Payette, Edouard, bourgeois..............	1015	N	$\frac{1}{2}$208
Pauzé, Dame Vve	1055	N	$\frac{1}{2}$64
Pagnuelo, Siméon, avocat	59	B	200
Paquin, Elise, modiste.........................	1115	B	50
Parizeau, Anthime, cordonnier............	533	B	$\frac{1}{2}$100
Parent, F. X., briqueteur	1073	B	96
Payette, Louis, geôlier.........................	186	B	200
Payette, A. Eugène, marchand............	178	P	100
Parent, Olivier, cultivateur................	151	P	100
Parent, Dame Jos., née Eliz. Picard.....	32	P	100
Paré, Cyrille, marchand de journaux...	2	K	100
Pagé, Délima, Delle.............................	283	J 3	$\frac{1}{2}$50
Payette, Félix Louis Alexis, conducteur	160	P	50
Paquin, Vve Jac., née Joséphine Godin	397	P	160
Painchaud, Vve Benj., née M. A. Fréchette	572	P	94
Payette, J.Bte, entrepreneur	42	B	150
Papineau, J. J., N.P.............................		L	222
Paré, F. X., épicier.............................	147	N	$\frac{1}{2}$200
Paquet, Modeste.................................	391	N	$\frac{1}{3}$100
Paradis, Emery	601	N	$\frac{1}{3}$62
Paquet, Eliza, Vve J. Marion	464	P	100
Parizeau, Damase, marchand de bois...	820	P	168
Payment, Venance	900	P	59
Pageau, Louis.....................................	167	F	100

	No	Section	Pieds
Papineau, Isidore	1189	N	50
Paquette, Jos.............................	121	J 1	100
Paradis, Ls Hercule, chef de police......	184	B	200
Parent, E. H., ingénieur..................	172	B	100
Pauzé, Jos. Xiste, marchand..............	119	B	150
Painchaud, J. F., avocat	168	H	64
Parent, J.Bte, jardinier	141	B	150
Paolliello, Josué, jardinier.................	72	T	50
Paquette, Narcisse, manufact..............	1303	P	50
Panneton, George Edouard, commis.....	32	T	94
Paré, Jos., épicier............................	1068	N	$\frac{1}{2}$259
Paré, Marguerite, Vve Jos.................	55	J 1	102
Painchaud, Edouard, commis..............	1328	P	50
Patenaude, Vve Narcisse	1447	P	50
Payette, Vve Isidore, femme Dorais	1552	P	50
Payment, J. H., marchand..................	1561	P	73
Payette, Nap., relieur.......................	165	F	$\frac{1}{2}$100
Pagé, Pierre, cuisinier......................	150	K	50
Papin, Denis, blanchisseur.................	172	K	50
Pauzé, Flavien, menuisier	156	K	55
Parent, C. H., commis de banque	115	J 3	100
Pallier, Nap. Paul, comptable..............	222	P	100
Payette, Elzéar, briqueteur	228	R	56
Panneton, Louis, marchand................	63	R	100
Parent, Louis, charretier	138	R	56
Paquette, Malésippe, meublier..............	114	R	56
Parent, A. D., comptable..................	33	R	197
Paquette, P. E., marchand..................	57	B	712
Paré, Frs, commerçant	41	G	100
Paquin, Chs, commis........................	96	G	$\frac{1}{2}$100
Parent, Edouard, manufacturier..........	8	G	200
Payette, Frs	823	H	56

	No	Section	Pieds
Perrault, Edouard, boucher	91	H	132
Peltier, Louis, fils	59	J 1	½ 204
Perrault, Léon	212	H	½ 200
Petelle, Paul	87	J 2	62
Perrault, F. X.	188	F	50
Perrin, Côme, ingénieur	246	F	100
Perrin, Chs Frs. marchand	236	F	100
Perrault, Louis, bourgeois	3	B	300
Perrault, Augustin, bourgeois	20	B	300
Perrault, Maurice	21	B	240
Peltier, Jos. F., écuyer	4	C	300
Peltier, Hector, M.D.	3	C	150
Peltier, Toussaint	3	C	150
Perrault, David	42	B	150
Perrault, Jos.	42	B	150
Perrault, Ant.	42	B	150
Perrault, Dame Vve Julien	21	B	150
Peltier, David, marchand	80 et 81	D	½ 379
Peltier, George, Vve, plâtrier	17	T	200
Pellerin, L. S. Jos. Isaïe Prosper et Geo.	370	J 3	144
Pelletier, J. B. G.	9	J 2	108
Pelletier, Pierre, briqueteur	120	N	½ 100
Perrault, Eloi, marchand	33	B	⅓ 200
Perrault, L. M., marchand	573	N	⅓ 318
Peltier, J. Bte, épicier	98	N	230
Pepin, André et Antoine	587	N	200
Pepin, Chs, menuisier	906	N	½ 100
Perrault, Denis, cordonnier	932	N	100
Pepin, Jos., charretier	951	N	½ 90
Pellerin, Chs, menuisier	663	N	50
Petit, Jos., marchand de lait	1253	N	129
Perron, Cyriac, rentier	881	N	½ 200

	No	Section	Pieds
Perras, Jos. Oct,, boulanger	101	P	100
Perrault, Vve Pierre, née M. L. Deslauriers	547	P	50
Pepin, Louis..........................	221	J 3	$\frac{1}{2}$196
Petelle Régis, boucher...............	388	J 3	$\frac{1}{2}$213
Pepin, Paul, marchand de chaussures...	691	N	139
Peltier, L. J...............................	718	P	100
Perrault, Jérémie, marchand...............13 et 14		T	1437$\frac{1}{2}$
Peltier, J.Bte..............................	976	P	100
Perrault, Jacques, épicier...............	34	J 1	100
Perrin, Elie, menuisier...................	997	P	50
Perrault, Victor............................	1002	P	50
Perrault, Jos...............................	1003	P	50
Pepin, Jos..................................	102	B	60
Pepin dit Laforce, Aug., mar. de pianos.	122	B	150
Petites servantès des pauvres...............	Ve stat	T	1000
Pepin, Henri, notaire.....................	128	B	164
Pepin dit Lachance, Isidore, charpentier	701	P	280
Peltier, Jos., bourgeois	1245	P	50
Pelland, Vve Jos..........................	34	T	94
Pelletier, Vve Jos., née Mary McDonald	1405	P	50
Pelegrini, Chs, manufact	1409	P	$\frac{1}{2}$184
Perrault, E. E, commis...................	1503	P	64
Pelletier, Vve F. X........................	400	H	42$\frac{1}{2}$
Perrault, Alphonse, commis	1565	P	$\frac{1}{2}$95
Perrault, Chs, hôtelier...................	1577	P	96
Perrault, Médard, notaire...............	439	P	100
Peltier, Jos., hôtelier	40	R	241
Perrault, Léon, commis...................	42	R	$\frac{1}{4}$116
Perrault, Pepin, Honoré, menuisier.....	204	R	$\frac{1}{2}$100
Pérodeau, Narcisse, Ecr., N. P...........	418	O	215
Perrault, Jos., cordonnier...............	149	R	56

	No	Section	Pieds
Perrault, Stanislas, cordonnier	1416	P	100
Perras, Cyrille, cloutier	116	G	181
Peltier, Zoé	106	G	100
Peltier, Cléophas	537	H	100
Pigeon, Louis	23	D	116½
Piché, Léon, marchand	46	E	420
Picault, Pierre, M. D	12	F	195
Pigeon, Frs, bourgeois	53	F	100
Pigeon, Jos., bourgeois	110	J 1	100
Pigeon, Antoine, commis-marchand	50	J 3	½ 300
Picard, Louis, boucher	14	L	200
Pilou, G. et Jos	389	J 3	186
Pinault dit Deschâtelets, Michel	351	J 3	50
Pilou, Dme Vve Zéphirin	157	N	½ 150
Piché, Urgel, marchand	69	J 1	½ 300
Pinet, Stéphanie, charpentier	591	N	½ 200
Picard, F. X., cordonnier	532	N	47
Picotte, Pierre et Théop.,entrepreneurs.	138	F	100
Pilou, Anthime, marchand	662	N	134
Piché, Frs, menuisier	7	N	170
Pion, Célina, couturière	1047	N	50
Picard, Nap., marchand	196	P	50
Piché, Jos. Félix, boulanger	220	P	122
Piché, Modeste, homme de police	18	P	50
Picard, Dme Vve J. B., née Flavie Chartrand	555	P	50
Piché, E	801	P	100
Pigeon, Isaïe, épicier	972	P	100
Pigeon, Louis	317	P	76
Pitre, Jos	163	B	54
Picard, Vve E. M., née Eliza Couture.	1247	P	72
Pinze, Nazaire, restaurateur	125	B	200

	No	Section	Pieds
Piché, Camille, contre-maître..............	1277	P	50
Picotte, Pierre, bourgeois...................	116	T	600
Pigeon, Adélard, machiniste..............	675	P	56
Pouliot, Théophile, Vve, née C. Smith..	1312	P	50
Pigeon, Evariste, charretier...............	425	N	165
Pilon, J.Bte,entrepreneur de pomp. fun.	77	J 1	½ 210
Picotte, Ls Philéas, ferblantier...........	1432	P	50
Pilon, Damase, forgeron....................	226	P	100
Pilou, Philippe, épicier.....................	233	R	233
Picotte, Vve Nicolas, née Sophie Leduc.	113	G	100
Plamondon, Louis, marchand..............	1	D	280
Plinguet, J. A., imprimeur.................	57	F	100
Pleau, Jos., ferblantier....................	103 ·	N	½ 280
Plante, P. E., M. D...........................	389	N	50
Plante, Elie, entrepreneur..................	1153	N	160
Plamondon, Vve Jos., née Mathilde Meunier..........	1511	P	½ 109
Plante, Frs, gardien.......................	736	H	½ 56
Plamondon, Théodore, N. P..............	806	H	56
Pont, Jos....................................	148	H	48
Poirier, Nicolas............................	125	J 2	⅓ 150
Poitras, Pierre, père et fils..............	132	J 2	100
Poutré, J. B.................................	168	J 3	100
Pominville, Michel, maçon...............	232	F	100
Pominville, F. P., avocat................7 et 9		D	255½
Poudret, Edouard, épicier...............	362	J 3	100
Poitras, F. X. et Edouard...............99 et 100		N	¾ 432
Pominville, B. Jos., architecte...........	270	J 3	100
Poitevin, J. Chs et E. M. D., commis...	145	N	216½
Posé, Calixte, bricklayer..................´	837	R	50
Pouliot, Jacques, charpentier..............	995	R	50
Poirier, Hyacinthe, charpentier...........	292	P	50

	No	Section	Pieds
Pompiers de la Cité...................................	40	C	1000
Poitras, Jos., Roch. architecte.............	654	P	50
Poirier, Jos., comptable.......................	575	P	100
Poirier, Adélaïde, Vve Isid. Leclerc.....	34½	J 1	250
Pominville, Vve Frs, succession...........	10	D	200
Poulin, Pierre, marchand de bois.........	340	J 3	146
Pominville, Gilbert, cultivateur..........	872	P	½ 100
Poupart, Alp., commerçant...................	1512	P	52
Portugais, Léger, entrep. de P. F........	2	R	100
Poissant dit Boileau, Ph., menuisier...	195	K	50
Poitras, Alp., hôtelier.........................	343	P	90
Pominville, Napoléon, ingénieur.........	38	R	½ 213
Ponton, Jos., marchand	74	R	100
Poirier, Séraphin, menuisier...............	99	R	99
Prégent, Louis J.................................	133	H	64
Préseau, Joseph..................................	292	H	48
Prévost, Léandre, bourgeois...............	50	J 2	124
Provendier, Joséphine, Vve J. Doyle...	164	J 3	½ 100
Prud'homme, Eustache, cultivateur.....	31	C	300
Pruneau, J. B....................................	230	J 2	100
Prévost, Amable, marchand...............	139	T	2925
Prévost, Eustache, héritiers...............	347	J 2	100
Prud'homme, Luc, cultivateur...........	88	D	166
Prévost, Jos. et Louis, teneurs de livres	994	N	100
Prévost, Zéphirin, marchand de fer......	418	N	168
Prévost, François, maçon, succ...........	961	N	50
Provencher, Jos. N., confiseur............	1011	N	200
Primeau, Chs., sellier.......................	43	P	50
Prévost, Abraham, menuisier.............	253	P	100
Prévost, Louis, charretier..................	361	P	50
Prud'homme, Eust., fils, cultivateur.....	159	N	150
Prud'homme, Alexandre, emp. au Sém.	410	P	100

	No	Section	Pieds
Provençal, Hilaire, sellier..................	1043	N	50
Provost, Michel...........................	1079	N	¼ 210
Prévost, Pierre, boucher....................	858	P	50
Presseau, Guillaume, cultivateur........	99	B	64
Prud'homme, Jérémie, cultivateur......	157	B	75
Prud'homme, Hon. Eustache, M. C. L..	49	B	200
Provost, Jos. Benj., commis..............	58	T	50
Provost, Pierre, menuisier.................	1271	P	50
Prevost, Chs Alp., entrepreneur..........	855	P	84
Prézeau, Jos., cordonnier.................	1281	P	50
Proulx, Robert, constable.................	1302	P	50
Proteau, Vve François, née E. Renaud.	1444	P	50
Proneveau, F. X., carrier..................	136	B	202
Prévost, Pierre, commerçant..............	801	N	100
Préville, Louis, employé au G. T. R.....	102	P	⅛ 100
Pouliot, Vve Théop., cloutier.............	1312	P	50
Poulin, Etienne...........................	265	J 3	100
Poirier, Arthur	1493	P	100
Poitras, Thomas, commerçant............	1505	P	50
Poudrette, Edouard, épicier..............	362	J 3	100
Prévost, André	61	J 2	½ 111
Prévost, L., chaumier	27	F	200
Pratt, Charles	11	C	300
Prévost, Rémi, boulanger.................	771	N	¼ 142
Pratt, Jean, succession..................	113	T	504
Prendergast, M. J. A., caissier...........	992	P	¼ 200
Prévost, Michel, tailleur de pierre........	1079	N	½ 210
Proulx, Frs X., tailleur de pierre........	99	G	¼ 100
Prud'homme, succession Léon	6	T	311
Provost, Mary...........................	821	P	100
Povost, Joseph...........................	75	G	108
Prud'homme, Frs, charretier..............	637	H	103

Q

	No	Section	Pieds
Quevillon, Joseph, boucher.................	110	H	100
Quesnel, l'Hou. François	51	J 3	496
Quintal, Etienne, père et fils..............	371	J 3	104
Quintal, Narcisse, épicier....................	925	N	200
Quesnel, Léandre, forgeron.................	285	P	64
Quevillon, Charles, caissier................	13	U	200
Quintin dit Dubois, Jos., entrepreneur..	922	N	½ 96
Quintal, Charles, commerçant	924	N	196
Quenneville, Vve P., née R. de L. Limoges	661	H	56

R

	No	Section	Pieds
Racette, Jacques	193	H	43
Rapin, Théophile...........................	53	J 1	127
Raymond,Gust. A., agent du Séminaire.	9	T	150
Racicot, Romuald...........................	216	J 3	153
Rastoul, Abraham, épicier	141	J 1	100
Racette, Augustin, menuisier	154	H	96
Ratelle, Marc Eug., barbier................	71	N	100
Racette, Siméon, marchand........	361	J 3	50
Rambert dit St-Martin, Chs, boucher...	438	N	½ 174
Rambert dit St-Martin, Joseph	244	F	½ 200
Racine, Alfred, aubergiste	1065	N	96
Raymond, Célanire, Vve Frs McGuire..	81	B	100
Rainville, juge H. F............................	21	L	535
Rateau, Louis, meunier.......................	117	B	½ 121
Racine, Alp., marchand......................	124	B	220
Racicot, Ferd., menuisier....................	920	P	81
Rambeau, Alf., bourgeois....................	31	T	106
Racine, Jos., meunier.........................	45½	J 1	½ 150
Rainville, H. B., avocat......................	143	D	231

	No	Section	Pieds
Ricard, Onésime, épicier....................	35	R	259
Raynault, Honoré, senior et junior......	134	K	100
Roy, Pierre et Zotique, bouchers.........	100	K	129
Racicot, Ernest, boulanger................	131	K	100
Raymond, Thomas, sculpteur..............	147	K	50
Ratelle, J. Bte, tonnelier...................	1476	P	50
Ranger, C. E., marchand....................	9	R	170
Racette, Louis, charretier...................	215	R	½ 262
Renaud, Alphonse.............................	179	H	64
Renaud, Jos..................................	407	H	67½
Renaud, J. Bte................................	202	J 3	100
Renaud, Félix et Ignace, marchands...	153	F	100
Renaud, Louis, marchand..................	9	C	300
Renaud, Fabien...............................	387	J 3	258
Renaud, Chs et Alexis......................	189	F	½ 200
Rhéaume, Edm., march. de chaussures.	1196	N	100
Régnault, Vve, née Guay...................	502	N	60
Resther, J. Bte, architecte.................	789	P	½ 150
Renaud, A. H.............................10 et 11		U	200
Renaud, Guillaume et Edmond...........	9	U	200
Renaud, J. Bte................................	959	P	54
Renaud, Misaël, commis....................	149	J 1	50
Renaud, Hector, commis....................	680	P	½ 200
Renaud, J. Bte, marchand 1282–1283		P	116
Resther, J. Z., architecte..................	61	D	½ 300
Renaud, George, manufacturier...........	390	O	148
Renaud, A. E., tailleur......................	37	G	100
Renaud, J. A., huissier.	691	H	56
Richard, Joseph..............................	90	J 3	½ 271
Richer, Ovide.................................	65	J 1	184
Ritchot, Alfred...............................	35	B	150
Ricard, Louis	36	C	200

	No	Section	Pieds
Ritchot, Narcisse............................	9	L	200
Rivet, Joseph Pierre........................	260	J 3	100
Ritchot, N. G., boucher.....................	307	J 3	92
Rivet, Marcel, commis......................	383	J 3	123
Ritchot, F. et M., voituriers...............	230	F	½ 200
Ricard, Arthur, M.D........................	205	N	64
Richard, Louis, menuisier..................	381	N	100
Rivet, Médéric, charretier..................	673	N	50
Richelieu, Dame Vve docteur, née Eliza Esonbart..	100	N	200
Ritchot, Israël, foreman au G. T..........	821	N	50
Riendeau, Ferdinand, épicier...............	574	N	¼ 250
Rivert, Narcisse, née M. L. Chevalier...	96	N	100
Rhéault, Narcisse, teneur de livres.......	1198	N	½ 200
Riendeau, Honoré, marchand de bois...	5	P	100
Riopel, Odilon, plâtrier	242	P	100
Richer, Félix, chapelier.....................	28	P	100
Rivet, Jules, épicier	190	N	150
Rivet, Narcisse, menuisier..................	652	N	50
Rivet, Paul	750	P	84
Ritchot, Mathias, boucher.................	883	P	61
Richer, Joseph, détective	95	B	150
Rivet, Benjamin, cultivateur	639	N	50
Rivet, Isaie, marchand.....................	83	T	135
Richard, Richard, commis Rev. de l'Int.	1409	P	184
Rivet, Léon, ingénieur......................	659	P	100
Richer, Antoine, charretier	1437	P	50
Richer, J. Bte, épicier	1491	P	98
Rivard, Pierre, hôtelier	545	P	60
Rivet, François, menuisier..................	33	T	86
Rivet, Régis, manchonnier.................	119	K	124
Richer, Alexis, manchonnier..............	186	K	50

	No	Section	Pieds
Rivet, Israël, commis	849	N	65
Rivet, Dolphis, boucher	199	F	100
Rivet, Cyprien, tailleur	157	R	100
Richard, Napoléon, hôtelier	214	R	103
Rivet, Urgel et Louis, épiciers	95	G	100
Rousseau, F. X	186	H	20
Robillard, Pierre	60	J 2	$\frac{1}{2}$ 186
Rochon, Pierre	104	J 2	$\frac{1}{2}$ 100
Robert, Joseph	119	T	340
Rousseau, Athanase et Edouard	186	J 3	200
Roy, Hippolyte, boucher	124	T	400
Robinson, Benjamin	83	F	100
Robin dit Lapointe, Moïse et Joseph	183	F	200
Rosaire, Dominique, Vve Dominique	1055	P	261
Roy, Adolphe, Candide-Philéas et Arthur	54	B	600
Rolland, J. B., libraire	85	C	400
Robillard Jos	232	J 2	40
Robert, J.Bte, épicier	104	J 3	216
Robillard, Jos., clerc du marché	97	F	100
Robillard, Thomas Henri, commis	340	J 2	76
Roy, Chs	2	K	300
Rodier, C. S., manufacturier	51	B	300
Roger, Antoine, relieur	356	J 2	68
Robert, Dominique, charretier	90	J 1	$\frac{1}{2}$ 100
Rodier, C. S., l'honorable	127	D	380
Robillard, Narcisse, charpentier	284	J 3	100
Robereau dit Duplessis Jos, Louis et Noël	79	J 1	210
Rochon, Louis, boucher	289	J 3	100
Roy, George	21	N	100
Roberge, Louis, menuisier	2	N	$\frac{1}{2}$ 162

	No	Section	Pieds
Routhier, Victor, cuisinier..................	411	N	100
Roy, Louis, commis	419	N	175
Roy, Frs...................................	262	J 3	½ 50
Roy, J.Bte, boucher	28½	H	91
Roberge, Bruno, cordeur....................	523	N	64
Roy, Frs-X., hôtelier	610	N	200
Robitaille, J. A., commis..................	584	N	200
Robin dit Lapointe, Pierre, Vve Josephte			
Desroches.................................	717	N	50
Rochon, Alexandre, aubergiste............	827	N	50
Roby, Jos., père...........................	63	D	1/5 200
Roby, Jos. G., commis......................	63	D	1/5 200
Rondeau, Narcisse, charretier.............	920	N	50
Rodier, Edouard, commis....................	343	H	64
Rochon, Stanislas, Jérémie, Alfred et			
Trefflé	984	N	100
Rochon, Vve Jérémie, née Emélie Mar-			
tineau	231	H	100
Rousseau, Samuel, ferblantier.............	234	H	120
Roy, Louis, boucher,.......................	1165	N	½ 200
Roy, F. X., voiturier	129	D	168
Roch, Louis, menuisier	170	P	½ 64
Robin-Lapointe, Euphémie..................	379	P	64
Roy, Victor, architecte	449	N	142
Robillard, Basile, couvreur	571	P	100
Rolland, juge, héritiers...................	282	J 2	100
Rolland, J.-Bte, marchand..................	105	J 3	108
Rochon, Virginie, Vve Frs Meunier dit			
Lagacé	35	P	66
Roy, Marguerite............................	632	P	50
Rochon, Félix, boulanger...................	766	P	62
Robichaud, Jos., machiniste	928	P	50

	No	Section	Pieds
Roy, Alfred, fils, agent collecteur........	489	P	117
Roy, Jean Marie, commis....................	210	F	100
Rochon, Edmond, voiturier................	234	H	64
Roussin, Calixte	1004	P	50
Rouleau, Anthime............................	989	P	50
Roy, André....................................	1040	P	50
Robert, Antoine comptable	121	B	142
Robert, Narcisse et Napoléon	478	P	100
Rochon, Victoria, Vve Sarault.......... ..	1313	P	66
Routhier, Eugène	1404	P	50
Robillard, Jos. ·A............................	1350	P	102
Rondeau, Pierre, charretier	1052	P	82
Routhier, Félix, sculpteur	298	J 2	100
Royal, Olive et Phélonise...................	1532	P	50
Roger, Pierre, relieur......................	1464	P	64
Robillard, Edmond, M. D...................	140	D	200
Rouillard, Vve Olivier.......................	322	F	300
Roy, J. Bte, peintre...........................	1068	P	50
Rousseau, Guillaume, barbier.............	518	N	50
Robert, Olivier et Aug., agents... 108 et 110	VIIe stat.		1000
Roy, Edouard, commerçant.................	1454	P	85
Robin, Dme Damase, née H. Bergeron..	241	P	124
Rousseau, Edouard, charpentier.........	522	H	40
Rocan dit Bastien, Moïse, connétable...	51	R	100
Robitaille, Désiré, peintre..................	227	R	$\frac{1}{2}$ 56
Roger, Israël, charretier.....................	162	R	56
Rolette, Vve J. C................................	177	R	$\frac{1}{2}$ 56
Robitaille, Désiré.......................	227	R	56
Rey, Louis David, horloger.................	1540	F	100
Renaud, Alf., boucher.......................	145	K	57
Richelieu, Télesphore, tailleur............	1492	P	$\frac{1}{2}$ 102
Rhéaume, Edmond, marchand.............	1196	N	100

	No	Section	Pieds
Robillard, Pierre, forgeron..................	960	P	50
Robin dit Lapointe, Ls, succession......	116	T	600
Robichaud, Camille........................	765	P	700
Roy, A. A................................	221	R	100
Robitaille, F. X., tailleur de cuir.........	183	R	100
Rochon, Caroline, couturière..............	86	R	$\frac{1}{2}$ 100
Rouleau, Jules, conducteur G. T. R.....	1046	N	50
Rodier, lieutenant-colonel P. A............	60	B	225
Rousseau, Chs, agent......................	677	H	56
Ruffier, Chs, bourgeois....................	461	T	$\frac{1}{2}$ 360
Raza, Hippolyte, charpentier...............	10	H	42
Raymond, Olivier, pilote..................	100	F	100
Rapidieu dit Lamère........................	314	N	50

S

	No	Section	Pieds
Sauvé, Jos., navigateur......................	79	H	$\frac{1}{2}$ 144
Saucier, F. X.............................	509	H	100
Sauvageau, J. Bte......................	60	J 2	$\frac{1}{2}$ 186
Sabourin, Vve Chs, née Zoé Aubertin..	235	H	50
Sauriol, Chs, commis......................	382	N	$\frac{1}{3}$ 100
Sarault, Moïse T., marchand..............	36	R	299
Sauvage, Olivier, journalier..............	1163	N	$\frac{1}{3}$ 100
Savariat, F. X., menuisier..:..............	447	N	$\frac{1}{2}$ 148
Saucier, Théodore, Vve......................	525	P	200
Sarault, Jos. et Ant., meubliers...........	809	P	50
Sauvé dit Laplante, Math., Vve J. B. Auger......	121	D	176
Sauvé, Charles...........................	161	B	64
Sauvageau, Vve Tancrède..................	1110	P	100
Sauvignac, Jacques R., marchand......	694	P	200
Sauvé, L. G. A., député régistrateur...	12	O	$\frac{1}{2}$ 197
SansCartier, David, boucher.............:.	869	P	$\frac{1}{3}$ 102

	No	Section	Pieds
Sarault, Dme J. Bte, née Victoria Rochon	1313	P	66
Sauvageau, Félix, menuisier	1348	P	50
Sabourin, Nap., typographe	51	B	$\frac{1}{3}$300
Salva, Olivier, hôtelier	39	R	203
Sabourin, Hilaire, menuisier	109	G	100
Sauvé, Joseph, gardien de pont	645	H	56
Senécal, J. Bte, sellier	74	H	120
Senécal, Alfred	243	H	100
Senez, Eusèbe, héritiers	20	J 2	124
Senécal, Eusèbe et André	1	L	$\frac{2}{3}$600
Senécal, André, sellier	30	D	177
Senécal, Frédéric, marchand	120	J 1	100
Senécal, Charles, marchand	144	J 1	50
Senécal, Denis, marchand	15	D	200
Senécal, François	248	J 2	100
Senécal, Charles, chauffeur	68	P	50
Senécal, Louis Henri, marchand	319	P	200
Serrurier dit L'Allemand, Amable, commerçant	531	P	200
Senécal, Marie-Anne, Delle	679	N	50
Senécal, Ludger, commerçant	1260	P	64
Séguin, Napoléon, voiturier	1124	P	100
Senécal, Adolphe, commis	48	J 2	$\frac{1}{2}$100
Sébastien, Vve, née M. Falardeau	79	P	50
Sentenne, Vve H. T., née Mary Jane Duckett	116	K	100
Sentenne, Hubert Charles, briqueteur	155	R	56
Sévigny, Alfred, tonnelier	7	G	$\frac{1}{3}$200
Simard, Joseph, charpentier	52	F	200
Sicotte, Antoine, tailleur de pierre	607	N	100
Sicard, J. Bte, marchand	336	P	50

	No	Section	Pieds
Sigouin, Alexandre, ferblantier	580	P	80
Sicotte, Wilfrid, régistrateur...............	4	O	487
Simard, Joseph, notaire	6	O	$\frac{1}{2}$ 491
Sigouin, Jean Bte, bourreur.................	736	P	$\frac{1}{2}$ 100
Sicard, Armand, bourgeois	1345	P	50
Sigouin, Zéphirin, charretier...............	186	R	56
Sigouin, Frédéric, ferblantier	60	G	100
Simard, Philorome, ébéniste	758	H	56
Soucisse, Henri, entrep.-menuisier........	202	N	100
Sourds et muets de la Providence	4	G	5375
Soulière, O., commis	14	T	$\frac{1}{2}$ 256
Soly, J. N., machiniste	1095	P	$\frac{1}{2}$ 130
Souci, Jean Vital, commis-voyageur....	768	N	130
Soucy, L. M., épicier	53	G	$\frac{1}{3}$ 100
Spénard, Charles.............................	125	J 2	150
St-Onge, F. X., commerçant...............	163	N	$\frac{1}{2}$ 164
St-George, Théod., ferblantier	475	H	$\frac{1}{2}$ 144
St-Onge, Séraphin, marchand..............	693	P	200
St-Onge, Vve Gabriel, née Marguerite Larose dit Deguire	274	P	109
Ste-Marie, Joseph, marchand	15	T	200
St-Germain, Joseph, manufacturier......	557	P	103
St-Germain, Augustin, boulanger........	92	B	$\frac{1}{3}$ 175
St-Antoine, Flavie, née Gagnon...........	110	P	64
St-Pierre, Isidore, employé au G. T. R.	117	B	$\frac{1}{2}$ 121
St-Germain, Désiré, journalier	770	P	64
St-Jean, Thomas, comptable...............	95	E	200
St-Vincent, Félix, charretier...............	1132	P	132
St-Jean, Joseph, sellier	1209	P	50
St-Germain, succession J. B...............	390	H	70
St-Denis, Edouard, épicier.................	8	T	104
St-Pierre, Eusèbe, boucher.................	391	P	100

	No	Section	Pieds
St-Louis, J. Bte, senior......................	18	A	255
St-Louis, Jean-Bte, fils, entrepreneur...	23	A	234
St-Jean, F. X., orfèvre.....................	1423	P	103
St-Jean, Edouard, horloger...............	1424	P	86
St-Jean, Aimé, marchand...................	191	K	50
St-Cyr, Alf. Aug., agent d'assurance...	79	B	160
St-Louis, Paul, tailleur de pierre.........	99	G	$\frac{1}{3}$100
Surprenant, Henri, ingénieur..............	835	N	50
Succession, Samuel, Biron................	20	C	260
Ste-Marie, Hubert, Vve....................	49	J 2	150
St-Jean, Louis G., marchand..............	123	B	100
St-Dizier, héritiers............................	190	J 3	120
St-Germain, Jos., cultivateur..............	3	F	200
St-Charles, F. X., commerçant............	114	T	704
St-Jean, Romain, gentilhomme............	151	T	192
St-Amand A., commerçant................	15	B	150
St-Charles, Louis..............................	15	B	150
St-Germain, Etienne......................	71	J 1	$\frac{1}{2}$312$\frac{1}{2}$
St-Denis, Frs, marchand de chaussures.	262	J 2	$\frac{1}{2}$50
St-Pierre, Edmond...........................	605	N	$\frac{1}{2}$193
St-Jean, Louis, marchand.................	1154	N	400
St-Jean, Samuel, marchand...............	1246	N	187$\frac{1}{2}$
St-Denis, André, meunier...................	184	P	100
St-Louis, Louis, march. de chaussures..	238	F	100
St-Denis, Honoré et Narc., bouchers.....	88	J 3	$\frac{1}{2}$306
St-Jacques, Jacques, commis..............	941	N	$\frac{1}{2}$200
St-Charles, F. X., contre-maître.........	335	P	50
St-Denis, Jos. A., peintre.................	1072	P	100
St-Jean, Théo., commerçant..............	699	P	200
Ste Marie, Ovide........................23 et 26		J 2	248
St-Jean, Margte, Vve Philippe Hoofsteter...................	108$\frac{1}{2}$	T	211

	No	Section	Pieds
St-Jean, Jos., tailleur	102	G	$\frac{1}{2}$133
Sancer, Vve J. Bte	52	B	300
Schiller, C. E. et J. B.	10	K	450
St-Pierre, Narcisse, épicier	857	P	50
St-Louis, Emmanuel, entrepreneur	14	A	300
St-Jean, David, Vve, née C. Aubry	275	J 3	100
St-Germain, Jos., tonnelier, et frères	320	P	$\frac{1}{4}$330
St-Jean, Jos., boulanger	78	J 2	62
Ste-Marie, Ls, machiniste	780	H	56
Schiller, Eusèbe et Geo	844	N	100
Schiller, C. E	1	Z	24
Schwartz, Antoine	56	J 2	144
Seers, J. Bte	59	J 1	204
Seers, W., commis-voyageur	103	B	96
Singer, Rév. Jos. A., prêtre St-Sulpice.	1080	P	50
Stremenski, George, cigarier	1210	P	50
St-François, Xav., horloger et orfèvre	1423	P	103
St-Charies, Frs-Xavier, commis	127	B	167
Surveyer, L. J. A	112	F	200

T

	No	Section	Pieds
Tardif, Jos., tailleur de cuir	1346	P	50
Tardif, David, menuisier	184	J 2	50
Taillefer, Napoléon, commerçant	$3\frac{1}{2}$	K	$\frac{1}{2}$413
Tardif, Jos. Ed., imprimeur	185	F	50
Tassé, succession F. Z	144	D	318
Tessier dit Lavigne, L. M	335	H	100
Tessier, Albert	439	H	70
Tessier, Moïse	212	H	$\frac{1}{3}$200
Tessier, Emery	212	H	$\frac{1}{3}$200
Therrien, J. T	231	H	64
Tellier, Vve Antoine, marchand	68	D	$\frac{1}{2}$216

	No	Section	Pieds
Terroux, J. H., gent	227	F	144
Terroux, Jacques, héritiers	226	F	200
Tessier, Michel, marchand	198	J 3	100
Tessier, Jos., tonnelier	57	J 1	½ 204
Tessier, Ls Jos., emp. à la douane	816	N	66
Tessier, Trefflé, menuisier	147	N	½ 100
Tessier dit Lavigne, C. M., épicier	326	P	97
Tellier, Timothée, forgeron	225	P	50
Tessier, Antoine, Ulric	68	D	½ 216
Tessier, Germain, entrep. menuisier	195	N	½ 186
Terrault, P., N. D	880	P	100
Terrault, Didace, briqueteur	1319	P	104
Tétrault, Trefflé, menuisier	808	H	56
Tessier, Narcisse, agent d'assurance	1356	P	100
Tessier, Arthur, charretier	976 et 977	N	112
Tétrault, Damien, menuisier	1549	P	50
Tétrault, Frs, charretier	1555	P	96
Tessier, Vve Adolphe, née D. Miron	817	N	50
Templé, E. M., professeur	1495 et 1496	P	86
Thériault, Victor, entrepreneur	687½	N	½ 200
Thibault, Alexandre, commis-march...	1012	N	½ 200
Thibaudeau, N., emp. de la Cie du Gaz..	40	P	50
Thibault, N., emp. à la Corporation	1124	N	½ 200
Thérault, Dme Vve Auguste	150	N	½ 200
Thibaudeau, Jean, emp. à la Poste	351	P	½ 100
Therrien, Frs., cordonnier	1078	N	119
Thériault, Victor, entrepreneur	609	N	½ 200
Thibodeau, Martial, teneur de livres	544	P	64
Thivierge, Michel	97	J 3	½ 216
Thériault, Zotique, briqueteur	597	N	½ 200
Thibaudeau, E., menuisier	813	P	50
Thouin, Jos	959	N	½ 84

	No	Section	Pieds
Théoret, Israël, Dme Vve Adeline Deslauriers...	89	B	142
Thomas, Henri, boucher........................	76	B	100
Thouin, Joseph...................................	160	J 3	½120
Thibault, Frs, huissier.........................	859	P	98
Thibaudeau, J. U., bijoutier...............	1394	P	50
Thibault, Roch, peintre......................	159	N	½150
Thouin, J. Bte, forgeron.....................	1433	P	50
Théorest, Wilfrid, commis....................	222	K	282
Thimens, Jos., commis.........................	1285	P	50
Thimens, Fortunat, épicier..................	115	R	56
Thomas, J. Bte, tailleur de pierre.........	54	R	100
Thibault, Jean et Alexis......................	28	A	300
Tuhot, Philomène...............................	630	N	50
Tison, J. Bte......................................	53	D	129
Tison, C., épicier...............................	868	P	50
Tourville, Chs...................................	137	H	120
Toupin, Jos., Messire, pour Dlle M. J. Delaney...	477	H	24
Tourville, Louis, marchand..................	93	J 3	292
Torenti, Jos. Thos., bourgeois............	117	F	50
Touchette, Vve L. D., née Delphine Damour...	357	J 3	50
Tourville, Magloire, cordonnier...........	119	P	50
Tougas, Eusèbe, commis-voyageur......	647	P	192
Toupin, Alp., professeur.....................	1190	P	90
Tougas, Louis, commis........................	48	J 2	½100
Tougas, Jos., épicier..........................	690	H	56
Trudeau, Joseph................................	9	H	42
Tremblay, Maxime, forgeron...............	47	H	98
Trudeau, Frs, héritiers.......................	15	J 1	289
Trudel, Vve J. Bte..............................	16	J 2	100

	No	Section	Pieds
Trudeau, Alexis, gentilhomme............	54	J 3	$\frac{1}{3}$280
Trudel, docteur........................	153	F	200
Truteau, A. A., boulanger................	41	B	240
Trudeau, Romuald....................	8	A	320
Trottier, Alexandre A., gentilhomme...	210	J 3	101$\frac{1}{2}$
Trudeau, Jules, charpentier..............	51	J 1	$\frac{1}{2}$230
Trottier, Alfred, boucher....................	438	N	$\frac{1}{2}$174
Trudel, Henri, menuisier	287	P	64
Tremblay, Gilbert, commerçant..........	599	P	50
Trempe, Frs X., commis.................	57	J 1	$\frac{1}{2}$204
Trudel, Alphonse, boulanger.............	916	P	50
Troutin, Robert, machiniste.............	1184	P	50
Trudel, Joseph, marchand................	5	K	500
Tremblay, J. Bte, menuisier............	1235	P	90
Trempe, Louis, forgeron....................	413	H	$\frac{1}{2}$144
Trempe, J. O., commis...................	1419	P.	112
Trudeau, Vve F. X. et Alfred.............	271	P	193
Trudel, J. B. A, commis.................	122	K	53
Trudeau, Léon, charretier.................	663	P	113
Tremblay, Mde, née Kate O'Meara........	177	R	$\frac{1}{2}$56
Trépanier, Hormidas, machiniste........	88	R	100
Tremblay, Arthur, Albert, marchand...	68	R	100
Tremblay, Onésime, menuisier.............	159	R	$\frac{1}{2}$100
Tremblay, Vve Romain, née Bourdeau..	159	R	$\frac{1}{2}$100
Trudel, Joseph, charpentier...............	62	G	100
Trudel, A. B., contre-maitre	24	G	$\frac{1}{2}$200
Turgeon, Théophile, marchand............	24	D	258
Turcot, Séraphin......................	12	D	200
Turcotte, Zéph., meublier....................	88	J 1	50
Turgeon, B. M. O., teneur de livres......879–880		N	$\frac{1}{4}$400
Turcotte, N. Charles, imprimeur	640	N	64
Turgeon, L. O., marchand................	1010	N	$\frac{1}{2}$200

	No	Section	Pieds
Turcot, Delphis, carrier	1027	N	½ 100
Turcot, François	1054	P	104
Turgeon, Césaire, commis	184	K	83
Turcot, Joseph	128	R	56
Tavernier, Julie, Vve Mio. Thivierge	97	J 3	½ 216
Tambareau, Messire	83–84	J 1	600
Tavernier, Frs, bourgeois	32	C	½ 300
Talbot, Robert, journalier	936	P	100
Taillefer, Aimé, boucher	1103	P	50
Taillefer, Arthur, boucher	143	P	169
Taillefer, Octave, voiturier	45	T	96
Tambareau, Damien, Rev. prêtre S. S.	83–84	J 1	600
Talon dit Lespérance, héritiers Dufresne	90	D	200
Tailleur, J. Bte, Vve, née V. Rochon	828	H	½ 133
Toupin dit Dussault, Joseph X	73	N	100

V

	No	Section	Pieds
Vasseur, J. Bte	305	H	48
Valois, Alphonsine	306	H	48
Vauthier, Jean	321	H	80
Valotte, Ezilda	145	J 3	100
Vandal, Nicolas, Vve	44	D	100
Vallée, J. D., notaire	98 F et 242	N	100–200
Valin, Nicolas, maçon	231	F	½ 200
Vallière, Frs, héritiers	66	J 1	300
Valade, Moïse	33	J 2	½ 100
Valade, Joseph, marchand	267	J 2	100
Vauthier, Philip, charpentier	67	J 1	½ 300
Vaillancourt, Edouard, hôtelier	701	N	216
Vaudry, Joséphine, Vve A. Lanciault	245	P	100
Vallière, Vve Gilbert, née M. C. Larivière	781	N	½ 200

	No	Section	Pieds
Valiquette, Télesphore et Léocadie	932	N	½ 200
Vaillancourt, Ths D., emp. à la Corp...	1062	N	77
Valiquet, Zotique, boucher	163	N	⅙ 64
Valin, Abel, entrepreneur maçon	753	P	100
Vandette, Délima	72	J 2	62
Valois, J. M., libraire	9	U	½ 352
Vaudry, Charles, peintre	1059	P	100
Vadeboncœur, Napoléon, commis	104	B	100
Varay, Louis, meublier	1204	P	50
Valiquette, Zotique, boucher	1307	P	50
Vary, Siméon, cordonnier	891	P	½ 90
Valiquette, Alphonse, entrepreneur	1309	P	50
Vandelac, Pierre, commerçant	961	P	101
Valiquette, Alphonse, marchand	1408	P	½ 189
Vaillancourt, Joseph A., commerçant...	21	A	252
Vaillancourt, Benjamin, commerçant...	20	A	225
Valiquet, P. H., commis-voyageur	126	K	100
Valiquette, Alphonse, meublier	1435	P	½ 90
Valois, Jude, commerçant	117	K	100
Valiquette, Séraphin, voiturier	188	R	56
Vandal, Philippe, avocat	98	R	100
Vary, Isaïe, épicier	102	R	100
Vanier, J. E., ingénieur civil	420	O	300
Vermette, François	451	H	60
Vendal, Marie, Vve P. Bergevin	143	J 3	100
Vermette, Jos., Frs, Nap. et Geo., entrep.	207	F	200
Versailles, Joseph, sr., boucher	127	F	100
Verdon, Jean, boucher	45	N	100
Verdon, Cyrille et Camille	41	N	100
Versailles, Nazaire, boucher	625	N	100
Verdon, Elisabeth, Vve E. Lapierre	737	N	100
Versailles, Prosper, boucher	107	J 3	108

	No	Section	Pieds
Vermette, J. Bte	978	P	½ 150
Verdon, L., journalier........................	1041	P	100
Vézina, Augustin, forgeron.................	1155	P	50
Vervais dit St-Amour, Léon, hôtelier...	25	U	300
Venne, Joseph, commis.......................	971	P	½ 122
Verreault, Antoine, employé civil........	655	H	56
Vervais dit St-Amour, épicier	76	G	100
Viau, J. Bte, menuisier......................	214	H	64
Vincent, J. Bte. ....,.....	275	H	½ 100
Vigeant, Ambroise, Vve	388	H	½ 100
Vincent, George.....................................	105	H	60
Villeneuve, Jos. O., négociant............	8	O	407
Viger, l'Hon. L. M.............................	45	E	650
Villeneuve, Nazaire, épicier................	28	L	747
Viger, l'Hon. D. B.............................	52	J 3	400
Villeneuve, J. Bte.............................	211	F	100
Vidricaire, Albert, épicier...................	385	J 3	100
Vincent, Balthazar, tailleur...............	379	J 3	100
Vincent, Jos , batelier.......................	327	J 3	½ 120
Vincelettte, Simon.............................	204	N	50
Vinet dit Larente, employé du G. T. R.	482	N	219
Villemaire, Edouard, Dme.................	539	N	60
Vinet, Charles, menuisier...................	574	N	¼ 250
Villeneuve, Emile, Vve C. Bertrand.....	760	N	50
Villeneuve, Elzéar, commerçant..........	1197	N	½ 200
Virole, Pierre, ébéniste	283	P	50
Vinet, J. Bte, tabaconiste..................	260	P	253
Villeneuve, Mathias	71	P	50
Vincent, Eusèbe, épicier....................	605	P	50
Villeneuve, Eléas, storeman...............	1162	P	50
Vincent, Louis, orfèvre......................	1259	P	50
Viau, Chs T., commerçant.................129–130		B	359

	No	Section	Pieds
Viau, Moïse, journalier	1382	P	50
Viau, P. A. O., commerçant	47	T	198
Villeneuve, Louis et Thomas, tailleurs..	527	P	216
Vincent, Napoléon, argenteur	194	K	50
Vilbon, Jacques, député-shérif	137	K	102
Villeneuve, Edouard, commis	547	H	100
Viau, Pierre Zéph , marchand	458	N	168
Vincent, succession André	24	G	½ 200
Voligny, L. B., capitaine	117	D	175
Voyer, Joseph, boucher	869	P	. ⅓ 102
Voyer, Simon, menuisier	1143	N	68

Y

Yon, George.	191	F	100
Yon, Antoine, couvreur	255	P	100

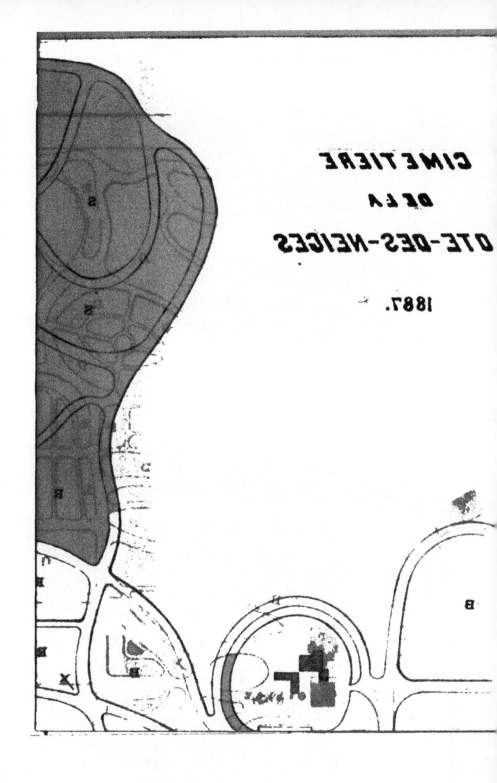

CIMETIÈRE
DE LA
CÔTE-DES-NEIGES
1887.

CIMETIERE DE LA COTE-DES-NEIGES.

1887.

CIMETIERE (MONT ROYAL)

TABLE DES MATIÈRES

—

INDEX DES ANNONCES

Le Rénovateur Parisien
DE LUBY

POUR LES CHEVEUX.

Le Rénovateur Parisien de LUBY a la précieuse propriété de rendre aux cheveux gris leur couleur naturelle, sans produire aucun effet injurieux. Il calme l'irritation et les démangeaisons du cuir chevelu et laisse la tête propre et exempte de toutes pellicules.
Autre chose certaine, c'est que les propriétés balsamiques du Rénovateur fortifient les cheveux et les empêchent de tomber.

A VENDRE PAR TOUS LES CHIMISTES

R. J. DEVINS, PHARMACIEN
Voisin du Palais de Justice, Montréal.
SEUL AGENT POUR LE CANADA.

DUMAINE & HALPIN

UNDERTAKERS

ENTREPRENEURS DE POMPES FUNÈBRES

OFFICE :		BUREAU :
1353 NOTRE DAME		**1353, NOTRE-DAME**
Corner of Campeau St.		*Coin de la rue Campeau*

Telephone 296 **MONTREAL**

First class Hearses, Wood and Metallic Coffins of all descriptions. Also

CARRIAGES, CRAPES, GLOVES, &c.

Corbillards de 1ère classe, Cercueils en bois et en métal de toute description. Aussi

CARROSSES, CREPES, GANTS, Etc.

DEMANDEZ

La CHAUSSURE JUBILEE

Chaussure Boutonnée Kid Glacé pour Dames,
Filles et Enfants

—DE—

PIERRE HÉMOND & FILS

Pouvant être procurée à tous les magasins de détail, cette chaussure ne peut être comparée pour ce qui se rattache à l'élégance, le fini et l'usage.

EN GROS AU No 220, RUE ST-PAUL.

MAGASIN DE TAPIS DE MERRILL

1670 *rue Notre-Dame, Montréal.*

Tapis de Bruxelles, Imperial et Kilder-minster,
Nattes en Cacao, Tapis de Table,
Prélarts Anglais et Américains,
Etc., Etc., Etc.

A. L. C. MERRILL.

F. X. CREVIER,

FERBLANTIER ET PLOMBIER,

POSEUR D'APPAREILS DE CHAUFFAGE,

No 98 rue St-Laurent,

MONTREAL.

LA " CANADIENNE "

COMPAGNIE D'ASSURANCE SUR LA VIE

La seule Compagnie canadienne-française du
pays et à fonds social.

No 13, RUE ST-LAMBERT, MONTREAL.

M. FERON & FILS,

Directeurs de Pompes funèbres,

80 RUE ST-ANTOINE,
MONTREAL.

Médaille de Bronze, 1863.
" " 1880.
Diplôme, 1880.
Médaille de Bronze, 1881.

Médaille d'Argent 1881.
" de Bronze 1882.
" d'Argent, 1882.
" " 1882.

ÉTABLIE EN 1852.

21, Rue Saint-Laurent, 21

En Gros et en Détail.

Lorge ✠ & ✠ Cie,

CHAPELIERS PARISIENS, MANUFACTURIERS ET IMPORTATEURS DE

Marchandises Françaises, Anglaises et Américaine

Cunningham * Bros *

MONUMENTS en MARBRE et en GRANIT

Ouvrages de cimetières une spécialité

91 RUE BLEURY

Conditions faciles.   Montréal.

Thomas * Robertson * & * Co

Montréal et Glasgow

Marchands de Fer, Acier, Métal, Ferblanc, manufacturiers de tuyaux en fer et d'appareils à gaz, pour l'eau et la vapeur ; aussi, plomb et plomb étamé, tuyaux pour l'eau et d'autres usages, poêles.

Coin des rues Commune et Colborne.
Bureau et entrepôt: 638 et 642 rue Craig.

ANT. BEAUDOIN

MARCHAND DE

PEINTURES, TAPISSERIES, ETC.

EN GROS ET EN DETAIL

No 49, Rue St-Laurent, Montréal.

DAVID LABONTÉ

MARCHAND-TAILLEUR

No 2101, RUE NOTRE-DAME

MONTREAL.

111, Rue St-Laurent, Coin de la Rue Lagauchetiere, 111

MONTREAL

Arcand Freres

MARCHANDS DE

NOUVEAUTES

MAGASIN A UN SEUL PRIX

Spécialité pour les Manteaux de Dames et Habillements pous Messieurs.

J. A ARCAND.   J. Z. ARCAND.   W. ARCAND, Tailleur.

Radiator à Eau Chaude ou à Vapeur à Sections Patenté de GARTH

Patenté en 1886, au Canada et aux Etats-Unis.

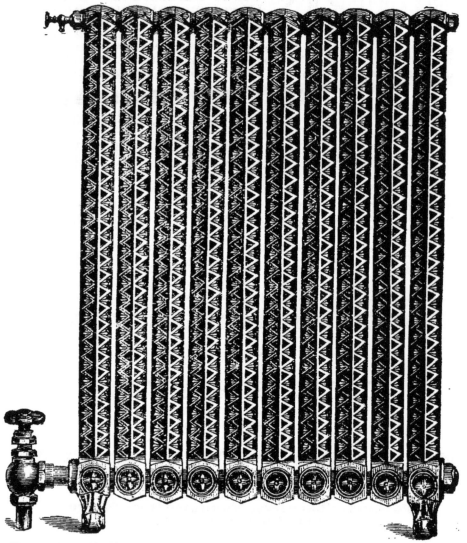

Le meilleur Radiator à eau chaude qu'il y ait sur le marché ; mouvement rapide ; il peut se réparer facilement ; on augmente sa capacité à peu de frais extra, sans avoir besoin d'un couVercle en fonte ou d'une plaque en marbre ; enfin, c'est le Radiator le mieux adapté aux exigences du marché.

Manufacturé par **GARTH & Co.,**
536 a 542. Rue Craig, Montréal.

Wm. King & Co.

FABRICANTS ET

MARCHANDS DE MEUBLES

EN GROS ET EN DETAIL

Spécialité de sets de chambres à coucher, fauteuils, articles de tapisserie et garniture de lits.

☞ **652, rue Craig, Montréal.** ☜

ETABLI EN 1867.

L. C. DE TONNANCOUR,

⊣ MARCHAND ✦ TAILLEUR ⊢

No 8 rue St-Lambert, Montréal.

Toujours en Magasin un grand assortiment de Draps Casimirs, Tweeds de première qualité et de patrons les plus nouveaux.

14

Jean Letourneux

Importations générales

COUTELLERIE et CLOUTERIE

FER EN BARRES

Ferronneries et Quincailleries Fines

EN TOUS GENRES

ETRILLES FRANÇAISES

Modèles spéciaux de M. Vor de Pruines, maître de forges.

PEINTURE, PETROLE, MASTIC, Etc.

Nos 287 et 289 Rue SAINT-PAUL, Montréal

Bureau: No 8 RUE SAINT-GABRIEL

A. SICOTTE ET FILS

FERBLANTIERS ✦ PLOMBIERS

POSEURS D'APPAREILS A GAZ

Fournaises à Air chaud et à Eau chaude, Bains, Etc

COUVREURS EN FERBLANC EN TOLE ET EN ARDOISE

CONDUITS en FER et JETS D'EAU

Toujours en mains un assortiment complet et varié de

FERBLANTERIE, REFRIGERATEURS, HUILE DE CHARBON, LAMPES, Etc.

Tous les ordres sont exécutés avec soin et à des prix très modérés.

327 — RUE SAINT-LAURENT — 327

MONTREAL

WM. ✳ EVANS

89, 91 et 93 rue McGill

Graines des champs, jardins et dé fleurs, arbres
fruitiers et d'ornement. menus fruits,
légumes, plantes, etc.

❧ J. A. DENIS ❧

MARCHAND DE

Peinture et de Ferronnerie

**206½ rue St-Laurent, en face du marché,
Montréal.**

MANUFACTURE CANADIENNE

d'Ornéments ✳ Funéraires

Monuments, chemins de croix, portes de caveaux,
entourages pour terrain, ainsi que toutes sortes d'article s
religieux sont exécutées sous le plus court délai.

E. CHANTELOUP, 593 rue Craig, Montréal.

❧ O. PARIZEAU ❧

MARCHAND DE

BOIS DE SCIAGE

**Bureau principal: Coin des rues Craig et
St-Denis, en face du Carré Viger. Clos: Coin
des rues Craig et St-Denis et 430, rue Lagauche-
tière, près la rue St-Laurent, Montréal.**

LEGER PORTUGAIS

Entrepreneur de Pompes Funèbres

No 576, RUE STE-CATHERINE, No 576

Résidence privée : No 276, RUE DES ALLEMANDS

MONTREAL

☞ Cercueils de toutes descriptions, corbillards de première classe pour funérailles, ainsi que tous les accessoires nécessaires.

JOHN REIPLINGER

MANUFACTURIER ET MARCHAND DE

Robes de Fantaisie pour Carrioles

EN

Buffle, Rat musqué, Bœuf, Ours, et Chèvre de Chine

HABITS EN VISON, EN LOUP MARIN ET EN MOUTON DE PERSE

PELLETERIES CRUES ET DRESSEES

No 1873, RUE NOTRE-DAME

MONTREAL

SPÉCIALITÉ DE PARDESSUS EN FOURRURE.

A. F. COLLETTE & CIE,

Fabricants de Cierges,

St-Luc, comté de St-Jean, P.Q.

———•———

Exposition de 1871 : 1er prix, cire blanche.

    do   1873 :   do   do

                      do   cire d'abeilles jaune.

    do   1877 :   do   cire blanche.

    do   1881 : 1er prix, cire d'ab. blanche.

    do   1882 :   do   cire d'abeilles.

                      do   pour abeilles.

Deux autres prix pour miel coulé et en gâteaux.

———

N.B.—Les prix les plus bas et termes faciles.

⚜LOUIS ✦ FORTIN⚜

COMMERÇANT DE

BOIS ET DE CHARBON

3098, RUE NOTRE-DAME

Residence : 3158, RUE NOTRE-DAME

Prix bas,   *Termes faciles.*

Une visite est respectueusement sollicitée.

FILIATRAULT & LESAGE

IMPORTATEURS DE

𝔐𝔞𝔯𝔠𝔥𝔞𝔫𝔡𝔦𝔰𝔢𝔰 𝔖è𝔠𝔥𝔢𝔰

285, RUE ST-LAURENT

MONTRÉAL.

Un Tailleur et une Modiste de première classe
sont attachés à cet établissement.

AMEDEE SIGOUIN,

FERBLANTIER, PLOMBIER et COUVREUR,

POSEUR DE TUYAUX A GAZ,

BAINS ET LIEUX D'AISANCE.

Couverture en Ferblanc, en tôle Galvanisée et en Ardoise,

277 RUE ST-LAURENT 277

MONTRÉAL.

J. B. MANTHA.   O. LAURENCE.

J. B. MANTHA & CIE.

Moulins à Blanchir et Embouveter,

MENUISERIE DE TOUTE SORTE

FABRIQUE DE PORTES ET CHASSIS,

10, 12, 14 et 16 RUE ST-CHARLES-BORROMÉE,

MONTREAL.

ANTOINE LAURENCE

Menuisier et Charpentier

RESIDENCE :

91 RUE STE-ELISABETH

ATELIER :

95 RUE STE-ELISABETH.

TYPOGRAPHIE   RELIURE

JOSEPH FORTIER

NEGOCIANT

Fabricant Papetier

FOURNITURE DE BUREAU, ETC.

256 & 258 Rue St-Jacques, Montréal

TELEPHONE 245.

REGLAGE   RELIEF

JOS. PAQUETTE

MANUFACTURIER DE

PORTES, CHASSIS, JALOUSIES, ARCHITRAVES

Et Moulures en tous genres.

UNE MANUFACTURE de TOUTES SORTES de

Couteaux pour Machines

EST ANNEXÉE A L'ÉTABLISSEMENT.

BUREAU :	MANUFACTURE :
12 à 22, rue Perthuis	286 à 290, rue Craig

MONTREAL.

VICTOR THERIAULT

Entrepreneur de Pompes Funèbres

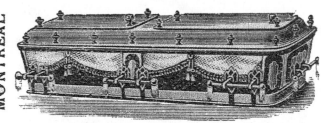

23 et 25 Rue St-Urbain **MONTREAL**

Rue St-Urbain **MONTREAL** *23 et 25*

Toujours en magasin un grand Assortiment de Cercueils en Fonte, Bois de Rose et Bois de tous les prix. Magnifique Cercueil-Glacière pour conserver les corps en été. Cinq beaux Corbillards au service du public. Il fournit les crêpes, gants et tentures de chambres mortuaires. Spécialité : Embaumer.

Téléphone No 1399.   **PRIX MODÉRÉS.**

A. HURTEAU & FRERE

Marchands de Bois de Sciage

92 RUE SANGUINET

MONTREAL

CLOS {

Coin des Rues Sanguinet et Dorchester,
TELEPHONE No 106.

Bassin Wellington, en face des Bureaux du Grand Tronc,
TELEPHONE No 1404.

PIERRE DEMERS

MARCHAND DE

FERRONNERIES

PEINTURE, HUILE, VERNIS

Pinceaux, Vitres, Mastic, Etc.

Ainsi que toutes sortes de bois de voitures

2191, RUE NOTRE-DAME

MONTREAL.

Incorporated by Letters Patent, CAPITAL $100,000

THE CANADA
Bank Note Company

LIMITED

526, 528, 530 & 532, CRAIG STREET

MONTREAL

Bank-Notes, Bonds, Certificates, Drafts, &c., &c.
ENGRAVED AND PRINTED.

W. C. SMILLIE, *Prest.*   G. F. C. SMILLIE, *Vice-Prest.*
G. H. DRECHSEL, *Genl. Supt.*   ED. B. PARKER, *Secy.-Treas.*

LA CITOYENNE

COMPAGNIE D'ASSURANCE DU CANADA

FEU, VIE ET ACCIDENTS

FONDEE EN 1864

Capital souscrit. **$1,009,800.00.**
Revenu pour l'année 1886, **$427,871.90.**
Réclamations payées à date, **$2,730,199.90.**

Bureau principal :   Nos. 179 et 181 Rue St-Jacques, Montréal

HENRY LYMAN, Ecr., Président. ANDREW ALLAN, Ecr., Vice-Président.
DIRECTEURS : — Robert Anderson, Ecr., J. B. Rolland, Ecr., Arthur
   Prevost, Ecr., C. D. Proctor, Ecr., Hugh Montague Allan, Ecr.,
   Arch'd. McGoun, Sec.-Trésorier, Gerald E. Hart, Gérant Général.

"LA CITOYENNE" offre aux porteurs de polices, dans le
Département du feu, des taux réduits sur les résidences,
propriétés de fermes, églises, communautés et écoles, ainsi que sur
les risques de commerce et de manufacture.

Département de la vie, différentes nouvelles formes
d'assurance ont été faites spécialement pour ce département, offrant
des avantages que nous ne trouvons dans aucune autre Compagnie.
   La police de dotation avec Coupon (Coupon Bond) donne à
l'assuré un moyen facile et prompt à obtenir de l'argent d'un Banquier
ou d'un prêteur.

Département des accidents. Nous y trouvons tous les
plans d'assurance connus, de plus des polices sur la vie et contre les
accidents, unies ensemble sous lesquelles vous pouvez réclamer pour
décès causé soit par maladies ou soit par accidents, et cela à des taux
très bas.

AGENTS POUR LA VILLE

Selby & Rolland, Gilbert Coderre, Joseph Chevalier, J. G. Guimond.
Captàin John Laurence et P. Matthews.

ND - #0325 - 200223 - C0 - 229/152/12 - PB - 9780282147556 - Gloss Lamination